EL CANTO DEL
HOMBRE OSCURO

"*El canto del Hombre Oscuro* es un libro muy personal sobre un espíritu venerado por brujas y magos. En la primera parte se examina el folclor del diablo a partir de fuentes tradicionales irlandesas, así como de documentos de juicios de brujas, lo que proporciona el contexto y enraiza la entidad en tiempos pasados. En la segunda parte, Darragh conversa con practicantes de magia activa sobre sus experiencias —abstractas, concretas, protectoras, iniciáticas y, a veces, aterradoras— con el Señor de las Encrucijadas. En estos encuentros, visiones y reuniones rituales, vemos las formas que toma hoy el Hombre de Negro y los efectos que tiene sobre quienes lo encuentran. Una obra excelente, altamente recomendada".

Aidan Wachter, autor de
Six Ways: Approaches and Entries for Practical Magic

"¿Quién es el Hombre Oscuro? ¿Un embaucador, un iniciador, la encarnación del misterio? En este fascinante libro, Darragh Mason sigue los rastros de este escurridizo espectro a través del folclor, la historia y el mito. Ofreciendo una amplia perspectiva junto con los informes de practicantes contemporáneos, *El canto del Hombre Oscuro* ofrece un enfoque único sobre esta figura liminal y eterna".

Phil Hine, autor de
Condensed Chaos y *Queerying Occultures*

"*El canto del Hombre Oscuro*, de Mason, es una excelente introducción a un aspecto importante del ocultismo contemporáneo: cuando es necesario (y ciertamente hoy en día lo es), las fuerzas de la naturaleza adoptan formas mitológicas para hacernos más conscientes de problemas complejos. Contextualizando específicamente el arquetipo del Hombre Oscuro en muchas de sus fascinantes formas e impactos, este libro también permite a destacados practicantes de la magia compartir sus propias experiencias de esta inteligencia primordial, que crece y, eventualmente, florece en sus psiques".

Carl Abrahamsson, cineasta, fotógrafo, músico
y autor de *Anton LaVey and the Church of Satan*

"Francamente, estoy alucinado. *El canto del Hombre Oscuro* es un libro que desearía que hubiera sido publicado hace mucho tiempo. Estoy seguro de que en los próximos años Darragh será colmado de elogios por esta exploración indispensable de un patrón poco examinado en nuestro folclor; se merece cada uno de ellos".

JOSHUA CUTCHIN, CONFERENCISTA
Y AUTOR DE *ECOLOGY OF SOULS*

"Darragh se atreve a iluminar lo inefable y crea lo improbable. *El canto del Hombre Oscuro* es un libro cautivante que busca arrojar luz sobre una figura que, me atrevería a decir, cada uno de nosotros hemos encontrado, al menos, una vez en nuestras vidas. Para quienes lo recordamos, como Darragh, el autor profundiza hábilmente en las raíces de numerosas tradiciones y pesadillas. Hasta ahora, no se había examinado realmente esta figura. Creo que es seguro decir que el Hombre Oscuro finalmente ha recibido su merecido".

DOUGLAS BATCHELOR, PRESENTADOR
DEL PODCAST *WHAT MAGIC IS THIS?*

"Aunque suele ser muy difícil abordar temas tan nebulosos, Darragh Mason ha logrado más que eso. A través de su meticulosa investigación, Darragh ha devuelto a la vida a una de las figuras más enigmáticas. *El canto del Hombre Oscuro* demuestra que, mientras algunas entidades se calcifican dentro del pensamiento mitológico, otras simplemente esperan a encarnarse de nuevo".

NATHANIEL J. GILLIS, PROFESOR, DEMONÓLOGO
RELIGIOSO Y AUTOR DE *A MOMENT CALLED MAN*

"Darragh Mason teje una rica tapicería de materiales folclóricos, históricos y culturales relacionados con el Hombre Oscuro del aquelarre de las brujas... Una lectura imprescindible para cualquiera que esté interesado en las intersecciones de la cultura, la experiencia y el otro".

JACK HUNTER, AUTOR DE
MANIFESTING SPIRITS

EL CANTO DEL
HOMBRE OSCURO

PADRE DE LAS BRUJAS, SEÑOR DE LAS ENCRUCIJADAS

DARRAGH MASON

TRADUCCIÓN POR VICTORIA ROJAS

Inner Traditions en Español
Rochester, Vermont

Inner Traditions en Español
One Park Street
Rochester, Vermont 05767
www.InnerTraditions.com

Inner Traditions en Español es un sello de Inner Traditions International

Copyright © 2024 Darragh Mason
Traducción © 2025 Inner Traditions International

Todos los derechos reservados. Ninguna parte de este libro podrá ser reproducida o utilizada en cualquier forma o por cualquier medio, electrónico o mecánico, incluyendo sistemas de almacenamiento y recuperación de información, sin el permiso por escrito de la editorial. Ninguna parte de este libro puede ser reproducida o utilizada para entrenar tecnologías o sistemas de inteligencia artificial.

ISBN 979-8-88850-324-9 (impreso)
ISBN 979-8-88850-325-6 (libro electrónico)

Impreso y encuadernado en China con Reliance Printing Co., Ltd.

10 9 8 7 6 5 4 3 2 1

Diseño del texto de Virginia Scott Bowman y diagramación por Alfonso Reyes Gómez. Este libro se ha tipografiado en Garamond Premier Pro con Bookmania y Gotham como fuentes de visualización.

Para enviar correspondencia al autor de este libro, envíe una carta por correo c/o Inner Traditions • Bear & Company, One Park Street, Rochester, VT 05767, USA, y le remitiremos la comunicación, o póngase en contacto directamente a través de www.darraghmason.com.

Escanea el código QR y ahorra un 25 % en Inner Traditions.com
Explora más de 2 000 títulos en español e inglés sobre espiritualidad, ocultismo, misterios antiguos, nuevas ciencias, salud holística y medicina natural.

Para mamá y papá

Índice

Agradecimientos — ix
Prólogo de Peter Mark Adams — xi
Introducción. Huellas folclóricas de un Dios sin nombre — 1

PARTE I
Folclor y brujería

1. Brujería por linaje — 6
2. El Mago Negro de los hombres de Dios — 17
3. Oisín, el pequeño ciervo — 31
4. El Interceptor Oscuro — 42
5. Astuto embaucador, revolucionario cultural — 55
6. El vientre oscuro y la renaturalización del alma — 69
7. Confesiones de brujos — 81

PARTE II
Testimonios de brujos

8. Elise Oursa, sangre y tinta — 94
9. Jessica Mitchell, Glastonbury Tor — 103

10	Shullie H. Porter, la muerte y el Hombre Oscuro	**112**
11	La doctora Megan Rose	**121**
12	Orion Foxwood, el Jinete Oscuro y las encrucijadas	**131**
13	Peter Grey y Alkistis Dimech	**145**
14	David Beth, sobre Master Leonard	**152**
15	A la escucha del canto del Hombre Oscuro	**163**

◊ ◊ ◊

Notas	**172**
Bibliografía	**176**
Índice analítico	**181**

Agradecimientos

Ante todo, mi más profundo amor y sincero agradecimiento a mi compañera, Michaela, sin cuya ayuda este libro nunca habría visto la luz. En segundo lugar, gracias a mis hijos por ser las maravillosas luces que son.

Hay muchas personas a las que estoy agradecido por la creación de este libro. A Peter Mark Adams por su gentil mentoría y guía. A todos los colaboradores que dedicaron su tiempo, compartieron sus experiencias y conocimientos conmigo. Gracias a Shullie H. Porter, Megan Rose, Orion Foxwood, Jessica Mitchell, David Beth, Alkistis Dimech y Peter Grey. Agradezco especialmente a mis queridas amigas, las extraordinarias Elise Oursa y Michelle DeVrieze, quienes me ayudaron enormemente a procesar mis propias experiencias y quienes compartieron sus conocimientos de manera libre y generosa.

◆ ◆ ◆

Agradezco a Richard Grossinger y al equipo de Inner Traditions por creer en este proyecto y hacerlo realidad. Y gracias a Danny Nemu, a Joshua Cutchin y a Patrick Huyghe.

◆ ◆ ◆

Finalmente, al Hombre Oscuro, por inspirarme y abrirme el camino...

Fig. 1. "La luna" por Elise Oursa
Imagen cortesía de la artista

Prólogo

Peter Mark Adams

El canto del Hombre Oscuro es una importante obra que llena un notable vacío en los archivos de la investigación "ocultista". Profundiza en un tema central, casi fundacional, el "Hombre Oscuro" del aquelarre de las brujas, una figura mítica y cambiante que trasciende el folclor para hacerse presente en la vida de quienes lo encuentran. A pesar de la aparente intimidad de los encuentros altamente personales narrados en este libro, el Hombre Oscuro conserva cierta cualidad arquetípica, que transmite una naturaleza esencialmente cósmica más que mundana, y ejerce una presencia cuyas distintas manifestaciones abarcan siglos a través de diversas culturas.

Darragh Mason es más conocido como un premiado fotógrafo de viajes; sin embargo, aquellos familiarizados con la amplitud de su obra profesional reconocerán que, junto a su ojo documental para la vibrante vida de las ciudades, reside una inclinación por explorar los espacios menos frecuentados (de hecho, en su mayoría, rechazados), donde la enfermedad, la pobreza y los persistentes efectos secundarios de la guerra se erigen como un crudo recordatorio de esa única constante inmutable: el sufrimiento humano. Más allá de estas preocupaciones sociales, sin embargo, se encuentra un campo de interés aún más recóndito: una fascinación por esas presencias sobrenaturales que residen en una dimensión tangencial a la nuestra, pero que, no obstante, interpenetran e imprimen, para bien o para mal, nuestras vidas cotidianas.

No es de extrañar, pues, que el magnetismo de los *djinn* fascine tanto a los fotógrafos, quienes buscan capturar su fugaz presencia, una entidad que atrae y repele por igual, deslizándose imperceptiblemente por los intersticios de nuestra realidad compartida. Esta misma cualidad enigmática caracteriza el tema central de este trabajo, el encuentro con una figura igualmente desconcertante, elusiva y perturbadora: el Hombre Oscuro oscuro del aquelarre o *sabbat* de las brujas.

Este trabajo aborda el tema desde dos perspectivas que, en última instancia, convergen. La primera parte proporciona las fuentes folclóricas y los juicios de brujas sobre el mito del diablo, información esencial para comprender la época, la profundidad y la ubicuidad de este fenómeno tan singular. Al hacerlo, se apoya en gran medida en el folclor tradicional irlandés, el cuerpo de material más accesible que ha preservado la pureza de su visión pagana y sobrenatural mejor que casi cualquier otra fuente que pueda pensarse. El folclor se combina con relatos mucho más detallados, incluso podría decirse íntimos, extraídos de los registros de juicios de brujas de los siglos XVI y XVII a través del excelente libro de Emma Wilby, *The Visions of Isobel Gowdie*[1].

La segunda parte expone al lector a la realidad visceral de los encuentros contemporáneos con el Hombre Oscuro. Estos relatos, narrados por quienes vivieron la experiencia, poseen una inmediatez que contrarresta las cualidades más etéreas del folclor y sirve para mitigar el marco ideológico que da forma no solo a los registros de los juicios de brujas, sino también a nuestras propias respuestas racionalizadoras. Una característica de estos relatos es la progresión evidenciada en la forma en que las personas enmarcan su experiencia. A partir de encuentros totalmente inesperados, que siguen siendo en gran medida opacos e inexplicables, la narrativa evoluciona rápidamente para revelar contextos en los que los fenómenos comienzan a integrarse cada vez más, a nivel experiencial, metafísico y performativo, dentro de las tradiciones esotéricas vivas.

Esta contextualización puede caracterizarse mejor, a falta de una expresión más adecuada, como propia de una visión iniciática de la realidad. Pues en última instancia, solo en el contexto de la práctica de culto esotérico el fenómeno gana en inteligibilidad, significado y propósito. Como resultado, se nos brinda un punto de vista único desde el cual contemplar los diversos vectores del encuentro y reflexionar sobre cómo, una vez superado el temor provocado por su presencia, el Hombre Oscuro inicia una trayectoria profundamente sanadora y espiritualmente evolutiva para cada uno de los contactados. Dicho esto, la identidad del ser que esta en el centro de estas diversas manifestaciones sigue siendo, como siempre, inescrutable, indefinible e inquebrantablemente "ajeno".

Ya sea que se manifieste como un hombre de estatura normal o colosal, un jinete oscuro o un ángel caído, lo haga en silencio, con una voz severa y dominante, o una que recuerde a todos los hombres de su linaje ancestral, ninguna descripción logra capturar la infinita gama de sus apariciones. Incluso sus rasgos son indescriptibles, ya que recuerdan más la infinita expansión del cosmos que algo que nos resulte familiar. Este transmutador de formas primordial puede manifestarse en cualquiera de sus muchas imágenes teriomórficas, como un hombre con pezuñas hendidas, un cuervo, un perro o un ciervo. Tal es la diversidad testimoniada de sus formas, que lleva a uno a preguntarse en qué sentido la designación de "hombre" está siquiera justificada. Quizá sea solo la representación simbólica que la "entidad" adopta como un medio de comunicarse con nosotros. Porque hay algo irreductiblemente alienígena en el Hombre Oscuro. Estamos atados a la superficie de sus múltiples presentaciones —el dónde, cuándo y cómo elige manifestarse—, en lugar de estarlo a la esencia de quién o qué es. Surgirá también la clara sensación de un ser a la vez inmerso en nuestro mundo y ajeno a él, que habita en la frontera de múltiples dimensiones.

Por lo tanto, uno de los principales problemas a la hora de reaccionar ante estos relatos es su cuestionable estatus ontológico. Si se toman al pie de la letra, ¿cómo explicamos sus elementos fantásticos? Y si se clasifican como oníricos, meros informes de sueños vívidos o visiones inducidas por enteógenos, ¿cómo explicamos su uniformidad y coherencia a lo largo de los siglos y en diversas culturas?

VIAJES NOCTURNOS

Mirando hacia atrás a través del registro etnográfico, es posible reconocer patrones universales de ritual comunitario que sirvieron para mediar la relación entre lo numinoso y lo fenomenal. La actividad espiritual humana más antigua y más ampliamente practicada parece haber sido el trance de posesión, de cuyos ritos se encuentran rastros en todas las culturas y todos los estratos del desarrollo humano, desde las paredes de las cuevas de los tiempos paleolíticos hasta las comunidades agrarias de la época moderna temprana que continuaron cultivando su relación con los supervisores de otro mundo.

Uno de los primeros relatos de una comunidad que realizaba "tareas" nocturnas bajo la supervisión de un observador de otro mundo se encuentra en los escritos del funcionario de la corte e historiador bizantino Procopio, hacia mediados del siglo VI de nuestra era. En su "Guerra gótica", Procopio relata[2] una curiosa historia sobre los hombres de un pueblo pesquero de la costa de Bretaña. Se cuenta que una voz incorpórea los "llamó" de su sueño a altas horas de la noche para que transportaran las almas de los muertos. Encontraron barcos desconocidos esperándolos. Aunque las embarcaciones parecían vacías, estaban hundidas hasta la línea de flotación, cargadas con el peso de las almas invisibles que llevaban a bordo. En pocas horas hicieron un viaje que, de otro modo, les habría llevado un día o más. Al llegar, las almas fueron llamadas por otra voz anónima, liberando a los hombres para que regresaran a casa.

El relato de Procopio ayuda a aclarar una serie de cuestiones relevantes. En primer lugar que, en la era precristiana, las comunidades paganas tradicionales acogían fácilmente la idea de supervisores invisibles que cooperaban en el desempeño de importantes funciones comunitarias: protección, fertilidad y trato con los muertos. En segundo lugar, estas conexiones extraterrenales parecen haber constituido una característica tradicional, es decir, aceptada y continua, de la vida comunitaria. En tercer lugar, las incursiones nocturnas fueron reconocidas como poseedoras de un estatus ontológico ambiguo; el propio relato de los aldeanos reconocía las discrepancias entre sus percepciones normativas y las que acompañaban a sus viajes nocturnos. La clásica elucidación de Carlo Ginzburg[3] de los registros de los juicios de brujas del siglo XVII en Italia, aunque ambientada mil años después, sirve para confirmar la continuidad de tradiciones paralelas a lo largo del tiempo. Los grupos comunitarios agrarios (conocidos, en este caso, como los benandanti o "buenos caminantes") desempeñaban un papel protector en sus batallas nocturnas con las "brujas" para salvaguardar su comunidad y sus cultivos. Sin embargo, las batallas involucraban elementos tan fantásticos que solo pueden explicarse como poseedores de una procedencia ultraterrenal. Ciertamente, no ocurrían en el mismo plano que la vida normativa, cotidiana, de la aldea. Por lo tanto, podemos considerar que la realización de estas tareas nocturnas, que se prolongó a lo largo de mil años, era una rutina en la vida de las comunidades europeas, al menos hasta principios de la Edad Moderna. Sin embargo, este contexto no ayuda a explicar sus elementos más forteanos, es decir, que desafían las interpretaciones científicas.

ETNOGRAFÍAS DE LO INVISIBLE

Uno de los cambios significativos en la práctica etnográfica en la última década ha sido el creciente reconocimiento de los elementos inexplicables, incluso fantásticos, experimentados en el contexto de los rituales en las sociedades premodernas. Estos relatos han sido demasiado a menudo pasados por alto en la literatura académica; sin embargo, siguen siendo una característica del registro etnográfico y, por lo tanto, científico, y lo han sido desde hace casi tanto tiempo como la presencia de la antropología como disciplina académica. Tal es el desafío que plantean a los modelos consensuados de realidad que, por lo general, se ha considerado "más seguro" desde el punto de vista académico simplemente ignorarlos y, por lo tanto, evitar extraer sus implicaciones radicales.

Dos casos, ambos provenientes de antropólogos profesionales, merecen una atención particular. El estudio de Edith Turner sobre un ritual de sanación *ndembu*[4] y el estudio de Bruce Grindal sobre una adivinación de muerte *sisala*[5] plantean un desafío a los modelos reduccionistas de la realidad de una forma particularmente vívida (como, de hecho, lo hace la etnografía inmersiva de Maya Deren sobre la posesión en el contexto del ritual vudú[6]). Edith Turner describe la fenomenología de un ritual en el que la energía inducida por el proceso de la ceremonia rodea al círculo de asistentes como una atmósfera y se eleva dentro de ella hasta que precipita una repentina "apertura" de la percepción[7]. En este punto, Edith Turner refiere que pudo realmente "ver" la entidad que el ritual de sanación estaba extrayendo del cuerpo del sufriente. De manera similar, Bruce Grindal, testigo no invitado de un poderoso ritual adivinatorio que involucraba un cadáver, también fue afectado por potentes ondas internas de energía que culminaron en una repentina "apertura", lo que le permitió "ver" las vigorosas energías que emanaban de las manos de los ritualistas hacia el cadáver tendido en una camilla. Este encuentro visionario culmina con el cadáver levantándose de su camilla y girando alrededor del espacio ritual, golpeando un tambor.

Lo que se desprende claramente de estos relatos es que un contexto ritual eficaz (en oposición a uno meramente teatral) proporciona un poderoso instrumento para afectar un cambio radical en la consciencia, y que este cambio abre al ritualista a la experiencia de otro orden de realidad, uno al que habitualmente no se puede acceder en la consciencia despierta. A diferencia de los sueños y la mayoría de las visiones, esta realidad no puede calificarse como onírica o meramente subjetiva, dado que posee las mismas características experienciales y de impacto para todos los participantes del ritual, incluso para los que se encuentran en su periferia. Como demuestra el registro etnográfico, los rituales eficaces exhiben una cualidad distintivamente contagiosa.

Podemos, por lo tanto, considerar que el folclor relativo al Hombre Oscuro, los elementos fantásticos de los registros de los juicios de brujas y los relatos igualmente fantásticos de los experimentadores contemporáneos participan en el mismo contexto transpersonal —o, más precisamente, *egregor*— entendido como una realidad estructurada alrededor y accesible a través de una iconografía simbólica compartida. Ahora bien, aunque esto explica las experiencias que surgen en contextos rituales, no esclarece esas irrupciones repentinas e inesperadas de "extrañeza extrema" que, según atestiguan los relatos recopilados aquí, frecuentemente ocurren fuera de un contexto ritual.

A menudo se describen contactos con seres de otros mundos en zonas donde el flujo de las energías naturales de la Tierra se ve afectado por perturbaciones subterráneas en las capas rocosas y el surgimiento de manantiales. En tales lugares, las energías de la Tierra parecen arremolinarse y acumularse, afectando a la dinámica de la consciencia y dando lugar a un fenómeno conocido como estrés geopsíquico o geopático[8]. Por esta razón se encuentran tantos sitios sagrados e informes anómalos en estos accidentes geológicos naturales o cerca de ellos. La cuestión es que los espacios altamente energizados, como los que se hallan en los rituales y en los sitios sagrados, son capaces de facilitar los cambios de consciencia que brindan acceso a los reinos de otros mundos. El corolario es que estas circunstancias también posibilitan el ingreso de presencias de otros mundos, que se manifiestan tanto en forma de comunicación como, aunque más raramente, en forma de apariciones físicas que sirven para subrayar tanto la existencia como la evidente acción de esos seres.

Hay que tener en cuenta otra serie de circunstancias. Desde una perspectiva de múltiples reencarnaciones, es evidente que puede haber una base ancestral para algunos de estos encuentros, en particular aquellos que se experimentan, al menos en un principio, como completamente inexplicables. Desde esta perspectiva, los contactos y compromisos contraídos en vidas anteriores perduran a través de las vicisitudes de la muerte y el renacimiento, aunque nuestra capacidad para recordar estos hechos puede verse afectada por el proceso de encarnación y, por lo tanto, requiere un estímulo para que nuestra memoria profunda despierte a nuestros compromisos de orden superior. De hecho, todo este fenómeno está rodeado de la pátina distintiva de la ascendencia y el linaje, una característica a veces denominada "brujo por linaje", las huellas heredadas de iniciaciones y devociones emprendidas dentro de una línea ancestral, posiblemente a lo largo de siglos. Para estas personas, la entrada en el reino de la práctica del culto ancestral puede parecer fácil. En su colección del siglo XI, *Decretum*, Burcardo de Worms registra el testimonio de una bruja que describe la práctica real de escaparse al dominio transpersonal y sobrenatural del aquelarre:

> En el silencio de la noche tranquila, cuando ya te has acostado en la cama y tu marido descansa sobre tu pecho, eres capaz, mientras aún estás en tu cuerpo, de salir por las puertas cerradas y viajar por los espacios del mundo, junto con otros[9].

A pesar de sus desconcertantes y multiformes apariciones, una cosa, al menos, es clara: una aparición del Hombre Oscuro nunca es accidental. Más bien, sirve para provocar un encuentro o, mejor dicho, una cita con el destino. Sean cuales fueren las reacciones de quien experimenta este encuentro, de horror, desconcierto o epifanía, no se puede negar el carácter iniciático y psicoespiritual del contacto. Esto es, en sí mismo, extremadamente revelador. Pues nosotros, en la modernidad, hemos perdido en gran medida el contexto, las tradiciones y el conocimiento en los que una relación con un paisaje, sus habitantes espirituales o una figura como el Hombre Oscuro puede convertirse en una fuente de conocimiento y fortaleza en nuestro propio compromiso con la vida y la vida significativa. Explorar en profundidad y con reverencia meditativa el material presentado en este trabajo, es invitar a una renovación de esta antigua conectividad.

Basándonos en estos relatos, es posible afirmar que, si hay una característica constante en un encuentro con el Hombre Oscuro, es la profunda y altamente personal significación que tiene para quien lo experimenta. Tiene la naturaleza de un encuentro con el destino, que impulsa al que lo experimenta hacia una reevaluación de su propósito de vida. Los relatos también destacan el hecho de que sus intervenciones son intencionadas y nunca aleatorias, y que parecen realizarse para despertar al individuo a la necesidad de renovación, para que lleve a cabo una integración de los aspectos numinosos y fenoménicos de la realidad en algún dominio específico de su encarnación presente. Esta idea está en consonancia con la antigua noción del papel tradicional de sanador de supervisores o vigilantes y de la necesidad de que aquellos que han despertado a esta función cooperen en su realización. Al fin y al cabo, se trata de una relación profundamente personal con lo numinoso, mediada por una figura que sigue siendo, al mismo tiempo, íntima e infinitamente remota. El mito del Hombre Oscuro desafía la categorización y trasciende los límites físicos y temporales. Se aproxima a una relación con un ser similar a un embaucador que parece ocupar una zona de marea del significado, que se acumula, crece y disminuye en ángulos obtusos en nuestras vidas diarias, pero también una que, sin embargo, nos llama a asumir una conservación de la vida y la naturaleza más responsable y menos materialista.

PETER MARK ADAMS
ESTAMBUL

PETER MARK ADAMS es autor, poeta y ensayista especializado en la etnografía del ritual, los paisajes sagrados, el esoterismo, la conciencia y la sanación. Graduado en filosofía, Peter realiza estudios avanzados en iconología, iconografía, arte renacentista y cultura material en la Escuela de Estudios Avanzados del Instituto Warburg. Peter es miembro asociado de la Sociedad Europea para el Estudio del Esoterismo Occidental (ESSWE). Autor de seis libros, incluyendo *The Game of Saturn* y *The Power of the Healing Field*, Peter ha publicado no ficción con Scarlet Imprint y Inner Traditions, prosa literaria y poesía con Corbel Stone Press y la revista Bosphoros Review of Books, y reseñas tanto de esoterismo como de literatura en Paralibrum.com.

Fig. 2. "El Hombre Oscuro" por David H. Sekulla
Imagen cortesía del artista

INTRODUCCIÓN

Huellas folclóricas de un Dios sin nombre

Preguntarse "¿quién es el Hombre Oscuro?" es caer en el primer obstáculo. Algunos misterios no están destinados a ser resueltos o entendidos en su totalidad, e intentar hacerlo es una tarea inútil. Hay un chiste sobre preguntar por direcciones en la Irlanda rural, en el que un turista pregunta a un lugareño: "¿Cómo llego a la ciudad X?", y este le responde: "Bueno, yo no empezaría por aquí". Es una respuesta frustrante, pero refleja la naturaleza de ciertas interrogantes. Preguntar "¿quién es el Hombre Oscuro?" conducirá a la frustración, porque **quién** no es el punto de partida correcto, sino **qué**. Incluso entonces, el **qué** será respondido con una colección de metáforas, símiles y contradicciones.

Sea quien fuere esta fuerza, tiene innumerables nombres y rostros: el diablo, Old Scratch (para los británicos), Master Leonard, el Hombre Negro, el Jinete Oscuro, el Viejo, el Maestro, Fear Dorcha (para los celtas), el Señor del Aquelarre de las Brujas, Fear Dubh o Meikle Black Man (para los escoceses), Gwyn ap Nudd (para los galeses), Lucifer, el Señor de las Encrucijadas y el Padre de las Brujas. Tan escurridizo como el humo, cambia de forma constantemente. Sin embargo, tras las huellas y los ecos de su presencia se vislumbra una figura: el Hombre Oscuro. Esta figura se manifiesta en los testimonios de videntes, en los relatos de brujas y en los encuentros terroríficos de viajeros solitarios. Un patrón emerge de estas historias, un patrón que también encontramos en nuestras narraciones, nuestro folclor y nuestra mitología. Aunque el Hombre Oscuro es un fenómeno global y transcultural, este libro se centrará principalmente en las referencias británicas e irlandesas.

En esta colección de leyendas podemos encontrar el **qué** o, más bien, una forma del qué —una emanación del qué— de lo que se manifestó en las tierras salvajes de Europa, desde los oscuros bosques de sus fronteras orientales hasta los solitarios cruces de caminos del interior de Irlanda. Una terrible fuerza de la naturaleza, un *psicopompo* risueño del inframundo, nos convoca a yacer en la sucia tienda de trapos y huesos del corazón, a escuchar las voces de los muertos y los sensuales susurros de los shíde. Esta fuerza presenta desafíos significativos para la mente humana, que necesita etiquetar y definir para entender. No podemos comprender a fondo sus motivaciones y comportamientos, pero las historias y el folclor nos ofrecen pistas codificadas que nos guían hacia un nivel de comprensión.

Este no es un libro académico, pues no soy un erudito. Tampoco es un libro de conjuros y encantamientos, ya que no soy una autoridad mágica. Este libro es para los curiosos y los atormentados. Existe un patrón velado en el folclor, que se refleja específicamente en las experiencias de las brujas y los magos. El propósito de este libro es explorar ese patrón y reflexionar sobre él. Detrás de sus muchos nombres (que usaré indistintamente a lo largo del libro), el patrón del Hombre Oscuro permanece presente. En la primera parte de este libro se indaga esta cuestión a través de historias, la interacción del embaucador con el paisaje paranormal y los juicios de brujas de Escocia. En la segunda parte se presentan los testimonios de brujas, magos y personas, todos ellos contemporáneos, que han experimentado la intervención del Padre de los Brujos en sus vidas. Espero que, si el lector reconoce el patrón en su propia vida, este trabajo le ayude a darle contexto. El libro busca explorar este fenómeno profundamente poderoso y refutar las tergiversaciones de una antigua entidad difamada.

Él perturba el orden de la sociedad al potenciar el caos, recordando a los que detentan el poder los límites de su autoridad, socavando sus leyes, fe y ciencia en una especie de reconstrucción epistemológica, haciéndolo con una sonrisa siniestra y un oscuro sentido del humor. Él custodia la fría caldera de la creación, el vientre sombrío de donde provienen todas las cosas. Cuando aparece en tiempos de desesperación o interrumpe un viaje nocturno, es una llamada de iniciación. Si eres llamado, será asombroso y terrorífico. Si persistes, será totalmente transformador. Si te resistes, puede consumirte.

¿Qué nos revelan, en realidad, los patrones en los relatos orales y escritos? Él ha sido un proveedor cuando las autoridades humanas han fallado, ha impartido conocimiento y curado cuando la medicina era insuficiente. Advierte al viajero de los peligros del camino, cuestionando sus valores y apegos. Es frío, lascivo y peligroso. Un salvaje satírico que acecha desde las sombras de los bosques más oscuros. Cabalga al frente de la hueste de las hadas. Es la oscuridad que despierta la luz mística interior; el cazador y el portador de la luz.

Pero ¿qué hay de nosotros, los testigos, los llamados a la brujería y los inspirados con historias, canciones y arte? El Hombre Oscuro nos imparte la visión más preciosa sobre el propósito de nuestra alma en esta tierra. Si escuchas, él compartirá contigo una comprensión de los más profundos poderes *ctónicos* que se mueven a través de tu alma, tu línea familiar, el pasado, el presente y el futuro. Él nos da poder a todos a través de los augurios de sus hijos ...

...las brujas y los narradores de historias.

Finalmente, te pido que leas como si estuvieras sentado junto a la hoguera de tus ancestros o al hogar de tu vecino. Esta es una obra creada en el espíritu de las sagas y los poemas cantados por nuestros antepasados. La verdadera esencia del Hombre Oscuro no se encuentra en las citas que he utilizado ni en una abultada bibliografía. Se encuentra, en cambio, en los espacios entre la poesía y el corazón, donde el intelecto se ha rendido a lo primordial. Es una verdad más allá del lenguaje, presente en el arco de la espalda de un bailarín, el primer llanto de un recién nacido y el jadeo de la muerte.

Así pues, siéntate junto al fuego y lee. Siente el calor de las llamas en tu rostro, mientras el Hombre Oscuro observa desde las sombras a tu espalda.

PARTE I

◊ ◊ ◊

Folclor y brujería

1
Brujería por linaje

La espiritualidad y la sexualidad no son cualidades tuyas, no son cosas que posees y abarcas. Más bien, ellas te poseen y te abarcan, pues son poderosos demonios, manifestaciones de los dioses, y por lo tanto te trascienden, existiendo en sí mismas.

EL LIBRO ROJO: LIBER NOVUS
CARL JUNG

El 9 de febrero de 1855, los habitantes locales del estuario del Exe, en el sur de Devon, encontraron al despertar un centenar de kilómetros de huellas de pezuñas en la profunda nieve.

Parece que la noche anterior, el jueves, hubo una nevada muy intensa en los alrededores de Exeter y el sur de Devon. A la mañana siguiente, los habitantes de estas ciudades se sorprendieron al descubrir las huellas de algún extraño y misterioso animal dotado de la capacidad de ubicuidad, ya que las huellas se podían ver en todo tipo de lugares inexplicables: en los tejados de las casas y muros estrechos, en jardines y patios cerrados por altas paredes y vallas, así como en los campos abiertos[1].

El suceso pasó a conocerse como las "huellas del diablo", un nombre apropiado no solo por la forma de las impresiones, sino también por la extraña y desconcertante naturaleza de este fenómeno de un centenar de kilómetros. El Hombre Oscuro es, después de todo, el patrón de los embusteros. ¿Qué o quién más podría haber logrado esta hazaña imposible? Y, para empezar, ¿por qué alguien se habría esforzado por hacer esto? El fenómeno presenta varios problemas desconcertantes. Quizás ese era el objetivo: inducir un estado de confusión mostrando con pruebas claras que había ocurrido un suceso imposible. Maliciosamente dejó a los testigos desprovistos de una explicación, obligados a lidiar con las consecuencias existenciales, huella a huella.

En la década de 1890, la ciudad de Swansea, en Gales, decidió renovar su iglesia, St. Mary. Cuenta la leyenda que un arquitecto local solicitó el trabajo, pero fue superado por el aclamado arquitecto sir Arthur Blomfield. Emocionados de tener un nombre prestigioso asociado a su proyecto, los miembros del comité aceptaron la propuesta de Blomfield. El arquitecto local no tomó este rechazo a la ligera. Años después compró una fila de casas adyacentes a la iglesia, las demolió y en su lugar erigió un edificio de ladrillos rojos para albergar las oficinas de la cervecería local, al cual le añadió un detalle notable: una talla de madera de un diablo cornudo, que daba a la iglesia. Se rumoreaba que el hombre local había profetizado: "Cuando tu iglesia sea destruida y quemada hasta los cimientos, mi diablo prevalecerá y reirá"[2]. La iglesia de St. Mary fue destruida en el bombardeo de Swansea en 1941, junto con gran parte de la ciudad, pero las oficinas de la cervecería vecina permanecieron indemnes, bajo la atenta mirada del diablo sonriente, seguro en su asiento elevado con vistas a las ennegrecidas ruinas de la iglesia.

Estas historias modernas del Hombre Oscuro lo mantienen en nuestro mundo como servidor del caos. Por supuesto, existen historias mucho más antiguas, cuyas raíces se extienden hasta lo más profundo de nuestros corazones primitivos y hasta el fértil vacío negro del inframundo. Así lo expresa elocuentemente John Moriarty en su libro *Invoking Ireland*:

> En general, hemos olvidado todo esto, pero los cuentos populares lo recuerdan. Los cuentos populares no tienen miedo. En su camino al pozo del fin del mundo, un cuento popular se detendrá en una roca y te dirá que cada siete años, en Samhain [fiesta equivalente al halloween], se transforma en una anciana que conduce una vaca. En su camino a Linn Feic, un cuento popular se sentará contigo bajo un arbusto y, donde un bardo podría narrar la historia de su pueblo despierto, ese arbusto te relatará la historia mucho más profunda de su pueblo dormido[3].

Nuestros cuentos populares son ecos de los sueños ancestrales, recuerdos de una era donde lo imaginario y lo material aún se entrelazaban. Si nuestros cuentos populares son la historia de nuestros sueños, entonces el Hombre Oscuro nos ha atormentado en nuestros sueños desde el principio. La aparición del Hombre Oscuro puede ser una llamada a la iniciación en la brujería, una advertencia de algún tipo o una exigencia de actuar. La mayoría de quienes lo escuchan tienen sus vidas puestas patas arriba, y solo si pasan su prueba su mundo se reconfigurará en algo nuevo. Esta transformación es dolorosa, desafiante o completamente esclarecedora, y a menudo todo ello a la vez. El Hombre Oscuro exige que examinemos nuestras vidas. Se opondrá a la inercia y nos empujará abruptamente hacia una nueva vida. Tal vez te haya visitado en tus sueños o te haya interceptado en el camino de una carretera solitaria. Quizás hayas tomado la iniciativa tú mismo y hayas ido a la encrucijada para llegar a un acuerdo. Con independencia de cómo suceda, serás desafiado. El Padre de los Brujos es peligroso, despiadado y puede devorarte. Si superas el desafío, sigue la iniciación. Si huyes, las cosas probablemente empeorarán. No seré tan tonto como para afirmar que entiendo sus motivaciones más profundas. Solo puedo compartir lo que ha llegado a mí y lo que he experimentado.

Los encuentros con el Hombre Oscuro tienden a ocurrir en un marco cultural y de creencias adecuado. La primera vez que lo vi fue la experiencia visionaria más intensa de mi vida. Superó todo lo que había experimentado antes o después. Fue una mezcla de símbolos judeocristianos y esotéricos occidentales, junto con referencias personales. Dado mi origen cultural, esto no me sorprendió. La experiencia me dejó atónito, temeroso y buscando respuestas. Finalmente, con ayuda, pude superarla y llegar a una nueva comprensión.

La historia contenida en este libro es antigua: la del oscuro demonio de la humanidad. Pero, ¿qué pasa con la naturaleza escurridiza de la creatividad? ¿De dónde proviene la creatividad? ¿Por qué algunos acceden a ella tan fácilmente mientras que otros no? Suele decirse que la inspiración proviene de una fuerza externa, una voz que busca a la persona adecuada a través de la cual puede expresarse. La misma palabra alude a ello. Deriva del latín *inspirare*, que significa "respirar o soplar en".

En el mundo islámico se dice que esta voz externa proviene de los *djinn*, cuyos susurros se creía que inspiraban la poesía. En Irlanda, las hadas se asociaban con la inspiración de los mejores gaiteros. ¿Y qué pasa con la historia y, en particular, con nuestro folclor? Los temas salvajes y fantásticos que nos llegan de diversas tierras y a través de vastos arcos de tiempo tienden a explicarse por el flujo y reflujo de la migración humana. ¿Y si las historias contadas en miles de hogares fueran un intento de describir experiencias más allá de una comprensión reduccionista del mundo?

Algunas de las mentes más brillantes de la historia han descrito una fuerza externa que impulsó su creatividad. Comúnmente, se lo denomina *daimon*. Napoleón, Jung y Goethe describieron tal fuerza. La palabra griega *daimon* describe un espíritu intermediario que actúa como puente entre el individuo y el más allá. El concepto varía a través de las fronteras geográficas e ideológicas, y también se conoce como la musa, el *qareen* en el Islam y el "que camina con uno" o *coimimeadh* en los países gaélicos. Se dice que este espíritu, que se nos asigna al nacer, nos acompaña a lo largo de la vida y que no es ni bueno ni malo, sino capaz de ambas cosas. Es nuestra guía para completar el propósito de nuestra alma. En la *Apología de Sócrates* de Platón, Sócrates describe su relación con su *daimon* durante su juicio por corrupción en el año 399 a.C.:

> ...como he reiterado en múltiples ocasiones y lugares, algo divino y espiritual viene a mí, la misma cosa que Meleto ridiculizó en su acusación. Lo he experimentado desde mi infancia; es una especie de voz interior que me detiene cuando estoy pensando hacer algo, pero nunca me impulsa hacia delante. Esto es lo que se opone a que me dedique a la política[4].

Jung describió estar "bajo el poder del *daimon*" en *Recuerdos, sueños, pensamientos*, y tenía muy claro a quién le debía lealtad: "Pero al menos él [Sócrates] nos ha mostrado la única cosa preciosa: '¡Al diablo con el mundo del ego! Escucha la voz de tu *daimonion*. Él es quien debe hablar, no tú'"[5].

La relación de Jung con su *daimon* no estuvo exenta de desafíos. En ocasiones, lo encontraba implacable en sus ambiciones, hasta el punto de sentirse obligado por él a tomar acciones en contra de su voluntad.

> Tenía que obedecer una ley interior que me imponía y no me dejaba libertad de elección... Una persona creativa tiene poco poder sobre su propia vida. No es libre. Es cautivo y conducido por su *daimon*... Esta falta de libertad ha sido una gran pena para mí[6].

El impulso creativo puede experimentarse como una forma de posesión: una fuerza que nos impulsa a crear y expulsar algo que insiste en salir a la luz. La creatividad es una fuerza poderosa y, si no se canaliza adecuadamente, puede tener un alto costo. Los *daimones* son indiferentes a las normas sociales; el artista bajo su influencia puede transgredir las convenciones establecidas por la sociedad y la cultura. Con el tiempo, la sociedad y la cultura pueden adoptar con entusiasmo las ideas del artista, pero esto suele ocurrir mucho después de su muerte. Impulsados por el deseo de explorar y descubrir lo nuevo, los artistas reciben de los *daimones* visiones, intuiciones y una compulsión ineludible. Este viaje, aunque emocionante y estimulante, es también peligroso y solitario; la lista de artistas que han sufrido por ello es larga. Jung presenta un panorama sombrío de esta condición:

> El regalo divino del fuego creativo tiene un alto precio. Es como si cada uno de nosotros naciera con una reserva limitada de energía. En el artista, la fuerza más potente de su constitución, es decir, su creatividad, se apoderará de esta energía y la monopolizará casi por completo, dejando tan poco sobrante que nada de valor podrá surgir de ella. El impulso creativo puede despojarlo de su humanidad hasta tal punto que el ego personal solo puede existir en un nivel primitivo o inferior y se ve impulsado a desarrollar todo tipo de defectos: crueldad, egoísmo ("autoerotismo"), vanidad y otros rasgos infantiles. Estas inferioridades son el único medio por el cual puede mantener su vitalidad y evitar que se agote por completo[7].

Si la creatividad *daimónica* es una espada de doble filo, ¿quién la empuña? La antigua fuerza del Hombre Oscuro se expresa a través de la obsesión del alma creativa, ya sea que el vehículo humano lo desee o no. ¿Qué artista no ha pintado el retrato del diablo? ¿Qué escritor no ha creado un maestro malvado cuyas manipulaciones engrasan los engranajes de la trama? El Hombre Oscuro tiene las mejores melodías. Tan arraigado está en el folclor musical que a veces se acusa a los talentosos de tener un contrato satánico como fuente de sus habilidades. Desde Jimmy Page haste el violinista Niccolò Paganini, la canción sigue siendo la misma. El folclor más famoso de música demoniaca pertenece al *blues*. Se dice que el Hombre Oscuro tomó la guitarra de Robert Johnson, la afinó en una encrucijada y se la devolvió junto con talento, éxito, amantes y dinero a cambio de su alma. La leyenda caló tan hondo que el propio *blues* quedó asociado para siempre con la historia y ganó el epíteto de "la música del diablo". El impacto de Johnson es extraordinario, y luminarias como Keith Richards, Robert Plant, Bob Dylan y Eric Clapton lo citan como influencia. En una entrevista a principios de la década de los 2000, Dylan, al preguntársele por qué seguía trabajando después de sus muchos años de éxito, respondió: "Todo se remonta al destino. Hice un trato con él hace mucho tiempo y estoy cumpliendo mi parte". Cuando se le presionó para que revelara con quién había hecho el trato, Dylan sonrió irónicamente, se rió y dijo: "Con el comandante en jefe de esta tierra y el mundo que no podemos ver"[8]. El uso de Dylan de la frase "comandante en jefe de esta tierra" es intrigante y sugiere una comprensión de lo que es el Hombre Oscuro.

Mientras que Dylan lo buscó, hay quienes son buscados por él. Estas personas pueden tener ya un vínculo con el Hombre Oscuro a través de sus líneas ancestrales o encarnaciones anteriores. Hay algunos a los que él ha elegido llamar a la brujería sin ninguna razón obvia. Esto nos lleva al concepto de **brujería por linaje**. El brujo y autor Mat Auryn escribe:

> Hay algo diferente en los brujos, algo que te atrae hacia otros brujos y hacia la brujería en general. Algo que te dice quién es brujo y quién no lo es, a pesar de que se proclamen así o lo eviten. Algo que se siente profundamente cuando conoces y sientes a otra persona como de tu misma especie. Es la sed insaciable de más, de conexión con los demás y con lo que Orion Foxwood llama la "bruja más grande de todas": la Tierra. Es una predisposición a la magia, a la comunicación con los espíritus y a las experiencias psíquicas, así como la capacidad para percibir y relacionarse con esa cualidad en otro[9].

La sangre ha sido durante mucho tiempo una metáfora del derecho de nacimiento asociado con el dominio y la herencia, y conceptos desagradables como la eugenesia. Expresado en este lenguaje, el término **brujo por linaje** puede sugerir connotaciones de propiedad y exclusión. Sin embargo, esta interpretación enturbia el verdadero significado. La brujería por linaje es un misterio inefable y nada tiene que ver con lo que está en las venas. En su entrevista para este libro (capítulo 12), el autor, brujo y veterano de la Brujería Tradicional, Orion Foxwood, describe la relación de los brujos con la brujería por linaje y brinda una visión significativa de las motivaciones del Hombre Oscuro, la continuación y proliferación de la brujería:

Para convertirse en un brujo despierto y encarnado, un alma que ha sido bruja antes debe regresar y nacer o ser adoptada en un linaje de sangre que también tenga sangre de bruja en él. A menudo, la predisposición genética a la brujería en la familia ha estado latente, reprimida por traumas vinculados a la Inquisición u otros acontecimientos religiosos o sociales con consecuencias mortales. Estos individuos llegan a su linaje actual portando rasgos mágicos destinados a resolver, transmutar y sanar ancestrales patrones de inadaptación, tóxicos, abusivos y dañinos. Esta capacidad es un rasgo inherente al alma o de origen genético, del que deriva el concepto de brujería por linaje. Sus orígenes se remontan a una combinación de características humanas y de otro mundo. Esto significa que "aquí termina la responsabilidad de las maldiciones traumáticas intergeneracionales". A cambio, la sangre del linaje ancestral dota al brujo de habilidades y destrezas mágicas, sensoriales sutiles y curativas innatas, ya sea latentes o recesivas. La curación que aportan a la sangre es interna y externa y puede involucrar a seres no corpóreos de otros mundos, que pueden formar parte de los aliados inherentes al alma o de los recibidos de otras brujas (vivas o fallecidas), de la familia sanguínea o de experiencias personales.

Como suelo decir, solo hay dos cosas que todo brujo debe saber: no enredar sus líneas ni contaminar su flujo. Pues todo brujo nace para desenredar de su sangre los intrincados nudos tejidos por la Inquisición y otros acontecimientos. Escondimos cosas en el linaje, solo para volver a través de ella y desempaquetarla como un regalo que espera. Pero hay un costo. El costo es que la sangre te devuelve algo que guardaba para ti, y tú aportas algo que la sangre necesitaba. Lo que la sangre necesita es llevar hacia adelante el legado de la brujería por linaje.

Quizá podamos encontrar en el folclor de los djinn y las hadas una descripción metafórica de la diferencia descrita por Mat Auryn. El Corán afirma que Alá creó tres razas sapientes. La primera, los ángeles, fue creada a partir de la luz. La segunda, los *djinn*, fue creada del fuego sin humo del viento del desierto. Y la tercera, los seres humanos, fue moldeada a partir de arcilla.

> Los *djinn* del fuego sin humo.
> Corán, 55:15

Como los seres humanos, los *djinn* pueden ser buenos, malos o neutralmente benevolentes. Al igual que los seres humanos, tienen libre albedrío. El Corán dice que el gobernante de los *djinn*, Iblís (a menudo representado en las pinturas islámicas con rostro y cuerpo negros), era uno de los ángeles a quienes Dios ordenó que se inclinaran ante Adán después de su creación:

> Dijimos a los ángeles: "Inclinaos ante Adán", y todos se inclinaron, excepto Iblís. Este era uno de los *djinn* y desobedeció la orden de su Señor. ¿Acaso van a tomarle a él y a su descendencia como vuestros señores en lugar de a Mí, aunque sean vuestros enemigos? ¡Qué pésimo acuerdo para los malhechores!
> Corán, 18:50

Los ángeles, desprovistos de libre albedrío, se limitaban a obedecer la voluntad de Alá. Sin embargo, Iblís manifestó abiertamente su desprecio por la nueva creación divina, declarando:

> "Soy mejor que él. Tú me hiciste de fuego y a él de arcilla".
> Corán, 38:76

14 ◆ Folclor y brujería

A pesar de la animosidad de Iblís hacia la humanidad, el folclor nos dice que los *djinn* han tenido más que un interés sexual pasajero en los seres humanos. En Marruecos se dice que la *djinn* Aicha Qandisha es una hermosa mujer con piernas de cabra que seduce a jóvenes guapos. El novelista y compositor estadounidense Paul Bowles describió la magnitud de la influencia de Aicha Qandisha en su entrevista para la revista *Rolling Stone* en 1974. La entrevista se llevó a cabo en Tánger, donde Bowles había vivido desde 1947:

> Ella es legión, es múltiple. Tengo un libro que dice que hace unos 25 años había en Marruecos 35 mil hombres casados con ella. Muchos internos en Ber Rechid, el hospital psiquiátrico, están casados con ella.
>
> *¿Qué pasa exactamente si la miras?*
>
> ...Entonces te casas con ella y eso es todo. Comienzas a comportarte de manera muy extraña. Hay varios maridos conocidos de Aicha Qandicha en Tánger. Caminan por arroyos y lechos de ríos, esperando oír su voz. Los ves vagando...
>
> *Una psicosis contagiosa ...*
>
> Cierto. Y cuando vuelven a encontrar a Aicha Qandicha, le hacen el amor allí mismo, no importa quién esté[10].

No es sorprendente que los relatos de esta naturaleza vayan acompañados de historias de niños nacidos de encuentros con espíritus amorosos. Se dice que la misma reina de Saba era en parte *djinn*, y el hibridismo *djinn* es una idea apoyada por ciertos hadices.

> "Entre ustedes hay quienes son expatriados (*mugharrabûn*); y esto, explicó, significaba "cruzados con *jinn*".
>
> SUYUTI, LAQT AL-MARJÂN[11]

La misma idea existe en las tradiciones irlandesa y británica, lo cual no es sorprendente, dado que se dice que las hadas comparten el mismo interés por los seres humanos que los *djinn*. De hecho, el folclor cuenta de numerosas familias irlandesas con hadas como antepasados. Durante la gran caza de brujas escocesa de 1597-1598, el brujo Andro Man fue juzgado a la edad de 70 años.

> *Thow confessis that be the space of threttie twa yeris sensyn or thairby, thow begud to have carnall deall with that devilische spreit, the Quene of Elphen, on quhom thow begat dyveris bairnis* [Confiesa que durante el espacio de treinta y dos años tuviste relaciones carnales con este espíritu demoniaco, la Reina de Elphame, con quien engendró varios hijos][12].

Andro Man confesó haber tenido una relación carnal con "ese espíritu diabólico, la reina de Elphame, con quien engendró varios hijos". Esto está lejos de ser un caso aislado, y el Hombre Oscuro, como analizaré más adelante en este libro, es un viejo chivo cornudo. Quizá los relatos folclóricos de su lascivia son la fuente de su epitafio: Padre de Brujos. Si bien el hibridismo es interesante de explorar, creo que es (principalmente) una metáfora folclórica para la transformación que ocurre a través del Hombre Oscuro y los espíritus a su servicio. En el folclor británico e irlandés, el Hombre Oscuro y las hadas están inextricablemente ligados. Quizá, por extensión, también lo están los brujos. Nacida en 1798, Biddy Early fue una bruja irlandesa del condado de Clare, en torno a la cual existe un excelente cuerpo de folclor. Se decía que era una niña extraña que pasaba tiempo sola, hablando con las hadas.

> Pero a las tres horas no había regresado, así que su madre fue a buscarla. Y la encontró arriba, bajo los espinos blancos, charlando y hablando sin parar. Ni siquiera se dio cuenta de que su madre la llamaba cuando la encontró, estaba tan absorta en ello. Podía ver cosas que los demás no veían[13].

Volviendo al término brujería por linaje, personalmente prefiero la frase **fuego en la sangre**. Subsume el significado de brujería por linaje e invoca las cualidades iluminadoras de la inspiración y el misticismo recibido que el Hombre Oscuro enciende en los corazones de sus hijos. Un signo determinante de tener fuego en la sangre parece ser poseer sensibilidad y capacidad para trabajar con los emisarios del otro mundo. Tener fuego en la sangre no determina la competencia o la comprensión, razón por la cual es casi universal que en las sociedades exista una tradición chamánica o una escuela de misterios donde aquellos con capacidades puedan entrenarse para relacionarse con el mundo de los espíritus.

La forma arquetípica del Hombre Oscuro se incrusta en nuestras historias y nuestro arte a través de la inspiración *daimónica*. Él trabaja más estrechamente con los brujos a través de los dones místicos del fuego en la sangre. ¿Con qué fin? Es inescrutable. El misterio no tiene centro. No es posible percibir una imagen completa a través de la abertura de la experiencia humana. El brujo Robin Artisson describe al Hombre Oscuro de la siguiente manera:

> El secreto es que no tiene forma original o nativa, ni cuerpo de bestia, ni forma humana ni forma divina o inmortal. Por eso es el Maestro de la transformación el inmortal, el más astuto, el secreto viviente más allá de las palabras y las ideas, más allá de las medidas del tiempo y las vastas profundidades del espacio. Así es como abre el Ojo por encima de los Ojos que todo lo ven; así es como es capaz de ser lo que necesite ser, en cualquier momento, cuando la mirada de cualquier humano se posa sobre él[14].

De esta fuerza inspiradora y perturbadora no hay un nombre o forma singular. No existen textos religiosos canónicos. En su lugar, hay muchas características compartidas y mitologías superpuestas. Nos quedan fragmentos del folclor y la brujería, que reconstruimos lo mejor que podemos. Esta tarea es urgente, pues nuestra propia supervivencia depende de ella. Nuestros videntes y hechiceros han sido quemados y ahogados. Vivimos en desacuerdo con el mundo natural. Intimidados y absorbidos por la ortodoxia, hemos olvidado sus canciones. Si seguimos las huellas hendidas en la nieve, el camino a casa será iluminado por el fuego en nuestra sangre y entonaremos nuevamente el canto del Hombre Oscuro.

2
El Mago Negro de los hombres de Dios

"Está en todas partes", susurró ella.
"Está en los arbustos y en la colina.
Me miró desde el agua
y me observó desde el cielo.
Su voz se impone desde los espacios
y exige en secreto en el corazón.
No está aquí ni allá,
está en todos los lugares en todo momento.
No puedo escapar de él", dijo ella,
"y tengo miedo".

"Sadhbh sobre el Hombre Oscuro",
en *Irish Fairy Tales*, de James Stephens

Los cuentos de hadas de los Grimm no son simples historias infantiles para dormir. Detrás de los caballeros y princesas se esconden lecciones morales muy claras. El engaño y la avaricia son castigados sin piedad, mientras que la honestidad y la bondad siempre reciben su recompensa. Más allá de estas enseñanzas, los cuentos de los Grimm nos advierten sobre los peligros que acechan fuera de casa. El extraño puede resultar peligroso, y el sendero solitario del bosque, un lugar lleno de misterios.

Nuestras mitologías y nuestro folclor son plantillas para el espectro de la experiencia humana. Algunos relatos esconden conocimientos secretos, pistas sobre los misterios del mundo. Tales cuentos pueden encontrarse en la mitología irlandesa en una colección conocida como el *Ciclo feniano*, un corpus de literatura irlandesa que se remonta al siglo VII. En la Irlanda del *Ciclo feniano* los nobles guerreros de los Fianna dedican su tiempo a cazar, luchar y vivir aventuras en el mundo espiritual. La compilación más antigua de historias fenianas se encuentra en el *Acallam na Senórach* o *The Colloquy of the Ancients*. El texto está compuesto por tres manuscritos: dos del siglo XV, el *Libro de Lismore* y *Laud 610*, y un tercero de Killiney, condado de Dublín, que data del siglo XVII. Sin embargo, las pruebas lingüísticas sitúan el texto en una fecha anterior, en el siglo XII. Los manuscritos revelan una tradición oral mucho más antigua de los cuentos fenianos y, lo que es más relevante para este libro, de los personajes arquetípicos presentes en estas historias. El irlandés, además del latín, es la lengua literaria vernácula más antigua de Europa occidental. A pesar de la influencia de la cultura y las creencias paganas, los monjes irlandeses medievales se vieron impulsados a registrar estos cuentos. Esto señala la profunda importancia cultural que estos mitos y poemas tenían para la identidad irlandesa de la época y su manera de interpretar el mundo.

Dos familias, o clanes, componen los Fianna: los Baiscne, comandados por Fionn mac Cumhaill (comúnmente transcrito "Finn MacCool"), y los Morna, liderados por su rival, Goll mac Morna. El padre de Fionn, Cumhal, fue asesinado en combate por Goll, y el joven Fionn fue criado en secreto. Con el tiempo, Fionn se convirtió en el jefe de los Fianna, y se han narrado diversos relatos de sus hazañas. El ciclo incluye "La persecución de Diarmuid y Gráinne" y "Oisín en Tír na nÓg", dos de los cuentos irlandeses más conocidos.

La mayoría de los poemas se atribuyen al hijo de Fionn, Oisín. Sus desafortunadas aventuras de viaje en el tiempo tejen una narrativa que conecta el mundo heroico de los Fianna —lleno de mujeres hadas, gigantes y tierras liminales— con la época de san Patricio. Posteriormente, monjes irlandeses de la alta Edad Media transcribieron los poemas a la forma escrita, lo que proporcionó una oportunidad para mostrar la autoridad del dios cristiano sobre las hadas, la brujería y los héroes de la Irlanda precristiana. En el proceso de esta documentación se preservaron los relatos de los Fianna, que de otro modo se habrían perdido en las nieblas del tiempo. En las conversaciones entre san Patricio y Oisín es notable que el venerable santo no gana todos los debates. Oisín le hace frente, lo cual resulta interesante ya que su herencia materna no es humana: Oisín es mitad hada. El nombre Oisín significa "pequeño ciervo" o "pequeño venado", debido a que su madre, el hada Sadhbh, lo dio a luz en forma de ciervo encantado. Este detalle podría atribuirse a la imparcialidad de los monjes irlandeses o, quizás, indicar una práctica espiritual dual. Las raíces de la historia de la concepción de Oisín se remontan al menos al siglo XII. En un par de cuartetos marginales del *Libro de Leinster*, la madre de Oisín, llamada allí Blái Derg, también se encontraba en forma de cierva en el momento de su concepción.

> *Blái solía venir en forma de cierva*
> *y unirse a la manada de los díbherg [furiosos].*
> *Así fue como Oisín nació de Blái Derg,*
> *en forma de cierva*[1].

En el tema de las "mujeres hadas como ciervas" comenzamos a ver un patrón a través del cual empieza a aparecer la materia de este libro. En las tradiciones folclóricas posteriores de Escocia e Irlanda, la historia del nacimiento de Oisín presenta a un druida con un nombre que evoca una apariencia y una naturaleza oscuras: An Fear Dorcha o An Fear Dubh, que significan el Hombre Oscuro o el Hombre Negro, respectivamente. Este Hombre Oscuro fue responsable de transformar a la madre de Oisín, conocida en la tradición irlandesa posterior como Sadhbh, en cierva. El patrón se repite en *The Colloquy of the Ancients*, en el que Caoilte mac Rónáin y los Fianna, durante una visita al otro mundo, reciben del Señor de los Muertos, Donn Dubh (Donn el Oscuro o el Negro), la noticia de que este les envió a lady Máil en forma de cierva para atraerlos a su fortaleza. En el banquete posterior, Donn les confiesa:

[...] y enviamos a esa doncella Máil a encontrarte [a Caoilte] en Tory (islas), en el norte de Irlanda, con la forma de una joven cierva salvaje, y la seguiste hasta llegar a esta morada. Y la joven que ves con el manto completamente verde, esa es ella, dijo Donn[2].

Aquí tenemos a un señor del inframundo con un nombre que denota oscuridad, quien utiliza la magia para transformar a una mujer hada en una cierva con el fin de engañar a los guerreros de los Fianna. Encontramos el tema nuevamente en un poema del siglo XII titulado "Faffand", proveniente de *The Metrical Dindshenchas*, una serie de antiguas leyendas conectadas con el origen de los nombres de lugares irlandeses. Estas leyendas se transmitieron a través del tiempo de forma oral antes de ser escritas por monjes irlandeses medievales. El poema relata cómo una mujer sobrenatural, Aige, fue transformada en una cierva salvaje por los espíritus malignos:

> *Broccaid el poderoso, al ganar rehenes de la brillante*
> *   y famosa raza de los galianos, tuvo un hijo, Faifne*
> *   el poeta; el relato de su locura final no es falso.*
> *Ella era la madre del hermoso hijo, incluso Libir*
> *   de ánimo rápido y ansioso: su hija era la rápida*
> *   dama de los ejércitos, Aige, la noble y hábil.*
> *Los cuatro eran extremadamente hermosos, de cabello rizado y*
> *   gentiles; eran un noble linaje de conducta virtuosa, el padre*
> *   y la hermosa madre, la hija y el hermano, tierno y hermoso.*
> *Los espíritus malignos atacaron (no fue un débil acto de locura*
> *   voluntaria): transformaron a la noble Aige de las manchas*
> *   de amor en la forma de una cierva salvaje.*
> *Ella atravesó Irlanda de costa a costa huyendo de todas las*
> *   manadas feroces y ardientes; de modo que corrió alrededor*
> *   de Banba, tierra de jueces, valientemente, cuatro veces.*
> *Sus hazañas y su valentía llegaron a su fin, aquí ocurrió su*
> *   disolución final; los guerreros de Meilge de Imlech la*
> *   despedazaron en su maldad*[3].

El mismo Hombre Oscuro se transforma en un ciervo en la famosa confesión de la bruja escocesa del siglo XVII, Isobel Gowdie, quien describió al diablo como un *"meikle blak roch man, somtymes he haid buitis & somtymes shoes on his foot bot still his foot ar forked and cloven he vold be somtymes w[i]th ws lyk a dear or a rae"*[4]. En español, este relato diría algo como: "un gran hombre negro y rudo, que a veces calzaba botas o zapatos, pero cuyos pies eran siempre bífidos y hendidos", y que "a veces era como un ciervo o un corzo". La notable confesión de Gowdie proporciona un vínculo vivencial entre el folclor, la brujería y el Padre de los Brujos.

Las versiones posteriores de la historia del nacimiento de Oisín presentan a un druida oscuro que lanza ese hechizo ya familiar, transformando a la mujer hada en cierva. Para demostrar el patrón temático del Hombre Oscuro, examinaré dos versiones de este cuento. La primera proviene de *Celtic Myths and Legends* de T. W. Rolleston[5].

> Un día, cuando Finn, sus compañeros y sus perros regresaban a la fortaleza tras cazar en la colina de Allen, encontraron una hermosa cierva. La persiguieron hasta su casa, pero pronto todos quedaron atrás, excepto Finn y sus dos sabuesos, Bran y Skolawn. Estos perros eran únicos: descendientes de Tyren, la hermana de Murna (la madre de Finn), transformada en sabueso por un hechizo. En Irlanda no había mejores sabuesos que ellos. Finn los amaba tanto que dicen que solo lloró dos veces en su vida, una de ellas por la muerte de Bran.
>
> Mientras la persecución descendía por la ladera del valle, Finn observó que la cierva se detenía y se tumbaba. Los dos perros comenzaron a jugar a su alrededor, lamiendo su rostro y sus patas. Ante esta escena, Finn dio la orden de que nadie le hiciera daño. La cierva, en lugar de huir, decidió seguirlos hasta el Dan de Allen, jugando con los perros mientras avanzaban.
>
> Esa misma noche, Finn despertó y junto a su cama, de pie, vio a la mujer más hermosa que sus ojos habían contemplado. "Soy Saba (Sadhbh), oh Finn", dijo ella, "y era yo la cierva que perseguiste hoy.

Porque no quise dar mi amor al druida del pueblo de las hadas, al que llaman el Oscuro, él me dio esa forma con sus hechicerías, y la he soportado estos tres años. Uno de sus esclavos, por compasión, me reveló que si llegaba a tu gran fortaleza, oh Finn, quedaría libre de todos los hechizos y recuperaría mi forma natural. Pero temía ser despedazada por tus perros o herida por tus cazadores hasta que, finalmente, me dejé alcanzar solo por ti y por Bran y Skolawn, pues sabía que, por su naturaleza humana, no me harían daño". "No temas, doncella", respondió Finn, "nosotros, los Fianna, somos libres y nuestros invitados también lo son. Aquí nadie te obligará a nada".

Así pues, Saba se quedó con Finn, quien la tomó por esposa. Tan profundo era su amor por ella que la batalla y la caza perdieron todo encanto para él. Durante meses no se separó de su lado. Ella también lo amaba profundamente, y su alegría mutua era como la de los inmortales en la tierra de la juventud. Pero finalmente llegó a Finn la noticia de que los barcos de guerra de los hombres del norte estaban en la bahía de Dublín, y convocó a sus héroes para la lucha. "Pues", le dijo a Saba, "los hombres de Irlanda nos brindan tributo y hospitalidad para defenderlos del extranjero y sería una vergüenza quitárselos y no dar lo que nosotros, por nuestra parte, hemos prometido". Y recordó aquella gran frase de Goll mac Morna cuando, con ocasión de una dura derrota por un poderoso ejército, dijo: "Un hombre puede vivir más allá de su vida, pero no más allá de su honor".

Siete días estuvo Finn ausente, y expulsó a los hombres del norte de las costas de Irlanda. Pero al octavo día regresó y, al entrar en su fortaleza, vio preocupación en los ojos de sus hombres y de sus hermosas mujeres, y Saba no estaba en la muralla esperando su regreso. Así que les ordenó que le contaran lo que había sucedido. Ellos dijeron: "Mientras usted, nuestro padre y señor, estaba lejos luchando contra los extranjeros, y Saba esperaba su regreso, vimos lo que parecía ser su imagen acercándose, con Bran y Skolawn a sus talones. También nos pareció oír las notas de la llamada de caza de Fian soplando en el viento. Saba corrió hacia la gran puerta, sin que pudiéramos detenerla, tan ansiosa estaba por abrazar al fantasma. Pero cuando se acercó, se detuvo y gritó de dolor. El fantasma la golpeó con una vara de avellano y, de repente, ya no era una mujer, sino una cierva".

Este pasaje de texto contiene uno de los misterios más profundos codificados en estas historias: la ilusión del dualismo. La historia coloca al Hombre Oscuro y a Fionn como adversarios. El nombre Fionn significa "blanco o de cabello rubio", estableciendo la oposición de luz frente a oscuridad. Cuando el Hombre Oscuro aparece como Fionn, representa una alegoría de la oscuridad conteniendo la luz; estas dos fuerzas están entrelazadas y cualquier separación es una ilusión. El tema de la transformación humana en formas animales sugiere que los seres humanos no están separados del mundo animal y la naturaleza.

"Entonces, esos perros lo persiguieron, y cada vez que intentaba volver a la puerta de la fortaleza, se daban la vuelta. Todos nosotros tomamos las armas que pudimos y salimos corriendo para ahuyentar al hechicero, pero cuando llegamos al lugar, no se veía nada, solo oíamos el ruido de los pies corriendo y el ladrido de los perros. Algunos pensaban que venía de aquí, otros de allá, hasta que finalmente el alboroto se desvaneció y todo quedó en silencio. Hicimos todo lo que pudimos, oh Finn, pero Saba se ha ido".

Después de estos acontecimientos, el desconsolado Fionn buscó en Irlanda algún rastro de su amante hada. Nunca volvió a verla. En cambio, encontró un niño parecido a ella en el condado de Sligo:

Al recobrar el conocimiento se encontró en la ladera de Ben Bulban. Allí permaneció varios días, buscando el valle verde y oculto, que nunca volvió a hallar. Finalmente, los perros lo encontraron; pero del ciervo, su madre, y del Hombre Oscuro nadie sabe qué fue. Finn lo llamó Oisín, y se convirtió en un guerrero famoso, aunque aún más reconocido por sus canciones y relatos. De modo que, hasta el día de hoy, de todo lo que se cuenta de los Fianna de Irlanda, la gente suele decir: "Así cantaba el bardo Oisín, hijo de Finn".

El libro de James Stephens, *Irish Fairy Tales*[6], presenta la misma historia pero con más detalles. Durante una cacería, los perros de Fionn, Bran y Sceólan, no atacan a una cierva, que parece mansa, y Fionn decide llevársela de vuelta a su campamento. Esa noche, la mujer hada Sadhbh entra en la habitación de Fionn y le ruega protección contra un malvado mago, el *Fear Doicher* u Hombre Oscuro de Shi. También le ofrece a Fionn su mano en matrimonio. Enamorado, o quizá bajo el hechizo de un hada, él acepta y promete proteger a Sadhbh, nombrando al Hombre Oscuro como su enemigo. En esta versión hay una variación en la ortografía de los nombres gaélicos. Los folcloristas que recopilaron estas historias no solían hablar irlandés y escribían los nombres fonéticamente.

Al caer la noche, Fionn se preparaba para descansar cuando la puerta de su habitación se abrió lentamente y una joven se asomó. El capitán se quedó atónito. Nunca antes había visto una mujer tan hermosa. De hecho, era más bien una jovencita, pero su porte era tan noble, su mirada tan serena, que Fionn apenas se atrevió a mirarla fijamente, aunque de ningún modo habría podido apartar la vista. Mientras ella permanecía en el umbral de la puerta, sonriente y hermosa como una flor, tímida como un ciervo, el jefe se confesó en su corazón.

"Ella es la mujer del cielo del amanecer", pensó. "Es la luz sobre la espuma. Es blanca y olorosa como una flor de manzano. Huele a especias y miel. Ella es mi amada más allá de las mujeres del mundo. Nunca me será arrebatada".

Ese pensamiento le causó a la vez deleite y angustia. Deleite por tan dulce perspectiva, angustia porque aún no se había hecho realidad y tal vez nunca lo hiciera. Al igual que los perros lo habían observado en la caza con una mirada que él no comprendía, ella también lo miraba así. En su mirada había una pregunta que lo desconcertaba y una afirmación que no pudo descifrar. Entonces, dominando su corazón, decidió hablarle.

"Parece que no te conozco", dijo él. "En efecto, no me conoces", respondió ella.

"Eso es realmente sorprendente", continuó él con suavidad, "porque debería conocer a todas las personas que están aquí. ¿Qué necesitas de mí?".

"Te ruego protección, regio capitán".

"Se la doy a todos", respondió él. "¿Frente a quién deseas protección?".

"Tengo terror del *Fear Doirche*". "¿El Hombre Oscuro de Shi?".

"Él es mi enemigo", dijo ella.

"Ahora es mío", dijo Fionn. "Cuéntame tu historia".

"Mi nombre es Saeve [Sadhbh], y soy una mujer de las hadas", comenzó ella. "En el Shi, muchos hombres me dieron su amor, pero yo no correspondí el amor de ningún hombre de mi país".

"Eso no fue razonable", reprendió él, con el corazón alegre. "Estaba contenta", respondió ella, "y lo que no queremos no nos falta. Pero si mi amor fue a alguna parte, fue a un mortal, un hombre de los hombres de Irlanda".

"Pues vaya", dijo Fionn con angustia mortal, "¡me pregunto quién puede ser ese hombre!".

"Lo conoces", murmuró ella. "He vivido en paz, oyendo a menudo hablar de mi campeón mortal, porque el rumor de sus grandes hazañas había corrido por el Shi, hasta que llegó un día en que el Mago Negro de los hombres de Dios puso su ojo sobre mí y, después de ese día, en cualquier dirección que yo miraba, veía su mirada".

Se detuvo allí, y el terror que había en su corazón se reflejaba en su rostro. "Está en todas partes", susurró ella. "Está en los arbustos y en la colina. Me miró desde el agua y me observó desde el cielo. Su voz se impone desde los espacios y exige en secreto en el corazón. No está aquí ni allá, está en todos los lugares en todo momento. No puedo escapar de él", dijo ella, "y tengo miedo". Al decir eso lloró en silencio y miró a Fionn.

"Es mi enemigo", gruñó Fionn. "Lo declaro mi enemigo". "Me protegerás", imploró ella.

"Adonde yo esté, no vendrá", dijo Fionn. "También poseo conocimiento. Soy Fionn, hijo de Uail, hijo de Baiscne, un hombre entre hombres y un dios donde están los dioses".

"Me pidió matrimonio", continuó ella, "pero en mi mente solo estaba mi querido héroe, y rechacé al Hombre Oscuro".

"Ese es tu derecho, y juro por mi mano que si el hombre que deseas está vivo y soltero, se casará contigo o responderá ante mí por la negativa".

"No está casado", dijo Saeve, "y tienes poco control sobre él". El jefe frunció el ceño pensativamente. "Excepto sobre el rey supremo y los reyes, tengo autoridad en esta tierra". "¿Qué hombre tiene autoridad sobre sí mismo?" dijo Saeve.

"¿Quieres decir que yo soy el hombre que buscas?" preguntó Fionn. "Es a ti mismo a quien le di mi amor", respondió ella. "Esta es una buena noticia", gritó Fionn con alegría, "porque en el momento en que entraste por la puerta te amé y deseé, y el pensamiento de que deseabas a otro hombre entró en mi corazón como una espada". De hecho, Fionn amaba a Saeve como nunca antes había amado a una mujer y nunca volvería a amar a otra. La amaba como nunca antes había amado nada. No podía soportar estar lejos de ella. Cuando la veía, no veía el mundo, y cuando veía el mundo sin ella, era como si no viera nada, o como si mirara un panorama sombrío y deprimente.

Fionn se encontró con la hechizada Sadhbh en forma de cierva. Pero, a salvo en su fortaleza, la magia del Hombre Oscuro se deshace y ella se transforma de nuevo en una hermosa mujer hada, y Fionn se enamora profundamente. Nunca volvió a amar a nadie como a Sadhbh. Desafortunadamente, los romances con hadas rara vez terminan bien. Sadhbh llama al Hombre Oscuro el "Mago Negro de los hombres de Dios" (los hombres de Dios es una referencia a los Tuatha Dé Danann, la raza de hadas en la mitología irlandesa). Fionn abandona su fortaleza para luchar contra una incursión de hombres de Lochlann, y después de la batalla regresa para encontrarse con que Sadhbh ha desaparecido. Su sirviente explica que una figura muy parecida a Fionn se acercó al castillo y, pensando que era Fionn, Sadhbh corrió a encontrarse con él. Sin embargo, era el Hombre Oscuro, el que cambia de formas, quien la transformó de nuevo en cierva, para nunca más ser vista. Fionn pasó años buscándola en Irlanda sin éxito.

¿Qué podemos deducir de las breves pero potentes apariciones del Hombre Oscuro en el *Ciclo feniano* y las posteriores iteraciones populares? Yo sostengo que Donn Dubh es una expresión del arquetipo del Hombre Oscuro. Están vinculados por la denominación, el comportamiento de embaucador y, específicamente, el uso de la magia para transformar a una mujer en una cierva. Lo más importante es que ambos están conectados con los Tuatha Dé Danann. El erudito irlandés Dáithí Ó hógáin describe a Donn en *The Lore of Ireland* de la siguiente manera:

> El nombre simplemente representa el adjetivo *donn*, que significa "marrón"... En tiempos antiguos, el adjetivo generalmente significaba "oscuro", y el personaje Donn está perennemente asociado con el reino sombrío de los muertos. Sin embargo, también es representado como un antepasado de aquellos que mueren y, por lo tanto, su nombre parece haber sido originalmente un epíteto de la deidad conocida como Daghdha. Donn se menciona en varios textos antiguos. Particularmente llama la atención una referencia en el relato de la muerte de Conaire, quien es asesinado por tres hombres de cabello rojo, "hijos de Donn, rey de los muertos en la torre roja de los muertos". Estos tres son citados además diciendo, "¡montamos los CABALLOS de Donn, aunque estemos vivos, estamos muertos!"[7].

An Daghdha (el Dagda) es una figura significativa en la mitología irlandesa y uno de los Tuatha Dé Danann. Daghdha es vinculado al Hombre Oscuro por Sadhbh, cuando lo llama el "Mago Negro de los hombres de Dios". El *Lebor Gabála* o *El libro de las invasiones*, escrito entre los siglos VIII y XII, es una colección de poemas en gaélico destinados a ser una historia de Irlanda. Describe a los Tuatha Dé Danann de la siguiente manera:

> Los Túatha Dé Danann estaban en las islas del norte del mundo, estudiando la tradición oculta, la brujería, las artes druídicas y la magia, hasta que lograron superar a los sabios de las artes paganas. Estudiaron la tradición oculta, el conocimiento secreto y las artes diabólicas en cuatro ciudades: Falias, Gorias, Murias y Findias[8].

Así pues, tenemos un patrón que vincula la figura del Hombre Oscuro —Fear Dubh— con los Túatha Dé Danann y una clara referencia a sus capacidades y conocimientos ocultos; capacidades y conocimientos que el Hombre Oscuro, Padre de los Brujos, continúa impartiendo hasta el día de hoy, como veremos en la segunda parte de este libro.

La referencia a las islas del norte es un detalle digno de mayor exploración. Creo que esto es una referencia a la legendaria tierra de Hiperbórea, a menudo representada como cuatro islas en el Polo Norte, rodeando una gran montaña de piedra imán conocida como Rupes Nigra. Se creía que las cualidades magnéticas de la tierra eran la razón por la que la brújula apuntaba hacia el norte. Se decía que esta creencia derivaba de un texto perdido llamado *Inventio Fortunata*, que era un diario de viaje de las tierras del norte escrito por un fraile inglés del siglo XIV. Nada de este libro queda y muchos dudan de que haya existido alguna vez; sin embargo, influyó en la cartografía y el diseño de mapas de los siglos XVI y XVII, incluidos los del gran cartógrafo holandés Gerardus Mercator.

Mercator describe la región así:

> Respecto a la representación, la hemos tomado de *Travels of James Cnoyen* de Bois le Duc. Cnoyen cita ciertos hechos históricos sobre Arturo el Britón, pero recopiló la mayor y mejor información de un sacerdote que sirvió al rey de Noruega en el año de gracia 1364. Este sacerdote era descendiente en quinto grado de aquellos a quienes

Arturo había enviado a vivir a estas islas. Según relató, en 1360 un fraile menor inglés, matemático de Oxford, llegó a estas islas. Tras su partida, y valiéndose de artes mágicas, describió y midió todo el conjunto mediante un astrolabio similar al que reproducimos aquí, según James Cnoyen. Afirmó que las aguas de estos cuatro brazos marinos eran arrastradas hacia el abismo con una violencia tal que ningún viento era suficientemente fuente para devolver los barcos una vez adentrados; sin embargo, el viento allí jamás alcanzaba la fuerza necesaria para hacer girar las aspas de un molino de maíz[9].

Fig. 3. Las regiones del Polo Norte, tal como se representan en el atlas de Gerardus Mercator de 1595
Wikimedia Commons

Mercator describió con mayor detalle estas islas en una carta de 1577 dirigida al doctor John Dee, el célebre ocultista:

> En medio de estos cuatro países existe un remolino en el cual confluyen los cuatro mares que dividen el norte. El agua gira vertiginosamente y se precipita hacia la Tierra como si se vertiera a través de un embudo. Este vórtice tiene una extensión de cuatro grados de ancho en cada lado del polo, lo que suma un total de ocho grados. Sin embargo, justo debajo del polo emerge del mar una roca desnuda compuesta íntegramente de piedra magnética. Su circunferencia se aproxima a las treinta y tres millas francesas[10].

En el mundo islámico, esta montaña era conocida con otro nombre: Qaf-kuh o Monte Qaf. Se creía que era la patria de los *djinn*, cuyas grandes ciudades, adornadas con esmeraldas, engalanaban sus empinadas laderas. La cordillera, compuesta de crisolita verde, se decía que reflejaba el tinte verdoso del cielo (lo que hoy conocemos como auroras boreales). Es posible que estas ciudades fueran el lugar donde los Tuatha Dé Danann adquirieron su dominio oculto. Tanto las hadas como los *djinn* comparten mitos de origen sorprendentemente similares: ambos fueron expulsados del cielo tras rebelarse contra Dios. La principal diferencia radica en que, en la tradición irlandesa, las hadas se consideran ángeles caídos, mientras que los *djinn* constituyen una especie propia.

Finalmente, en el texto apócrifo *El libro de Adán y Eva*, encontramos dos versículos que refuerzan la conexión entre el diablo, los Tuatha Dé Danann y el mítico norte. Satanás dice a Adán y a Eva: "Sucedió que cuando me creó, me ubicó en un jardín en el norte, en el límite del mundo"[11]. Posteriormente, dirigiéndose a Caín, afirma: "Mis parientes están en un jardín en el norte, donde una vez quise llevar a tu padre Adán; pero él no aceptó mi oferta"[12].

Esto suscita la pregunta de quiénes son los parientes de Satanás. Presumiblemente, se trataría de los ángeles caídos, los Tuatha Dé Danann.

3
Oisín, el pequeño ciervo

No hay nadie en el mundo como yo,
qué lástima doy. Un viejo arrastrando piedras;
¡hace mucho tiempo que están las nubes sobre mí esta noche!
Soy el último de los Fianna, gran Oisín, hijo de Finn,
escuchando el tañido de las campanas;
¡hace mucho tiempo que están las nubes sobre mí esta noche!
"Lamentos" de Oisín

Después de siete años de incansable búsqueda de su amada secuestrada, Fionn se encontró en el bosque con un niño, al que reconoció como hijo suyo y de Sadhbh. El muchacho narró a Fionn los años que había pasado en el país de las hadas, cautivo del Hombre Oscuro. Este siniestro personaje había mantenido al niño y a Sadhbh, aún en su forma de cierva, prisioneros en una cueva antes de, finalmente, enviar al muchacho al mundo de los hombres.

"Yo vivía", dijo, "en un lugar vasto y bellísimo. Había colinas y valles, bosques y arroyos, pero sin importar en qué dirección caminara, siempre llegaba a un acantilado tan alto que parecía tocar el cielo, tan escarpado que ni siquiera una cabra habría osado escalarlo".

"No conozco tal lugar", reflexionó Fionn.

"En Irlanda no existe tal lugar", aseguró el niño, llamado Caelte, "pero en el Shi sí".

"Es cierto", asintió Fionn.

"En verano, me alimentaba de frutas y raíces", continuó el niño, "pero en invierno me dejaban comida en una cueva".

"¿Estabas solo?", preguntó Fionn.

"Solo me acompañaba una cierva, a la que amaba, y que me amaba a mí".

"¡Ay, hijo mío!", exclamó Fionn con angustia, "¡cuéntame tu historia!".

"Un hombre oscuro y severo nos seguía a menudo. Hablaba con la cierva. A veces lo hacía con suavidad y persuasión, otras con voz áspera y enojada. Hablase como hablase, la cierva siempre huía atemorizada, dejándolo al final furioso".

"¡Es el Mago Negro de los hombres de Dios!", exclamó Fionn desesperado.

"Sí, mi alma", respondió Caelte. "La última vez que vi a la cierva", prosiguió, "el Hombre Oscuro le estaba hablando. Le habló por un largo rato, a veces con suavidad y a veces con enfado, hasta que creí que no callaría jamás. Pero al final la golpeó con una vara de avellano y la obligó a seguirlo. Me observaba mientras lloraba tan amargamente que habría despertado la compasión de cualquiera. Intenté seguirlos, pero no pude moverme; así que lloré mientras se alejaban, cegado por la rabia y el dolor, hasta que ya no pude verla ni oírla. Caí entonces sobre la hierba y me desvanecí; cuando desperté, estaba en la colina, entre los perros, donde me encontraste".

Ese niño era Oisín, el pequeño ciervo, como los Fianna lo llamaban. Crecería para convertirse en un gran guerrero y el mejor poeta del mundo. Pero aún no había terminado con el Shi. Debía regresar al mundo de las hadas a su debido tiempo y volver de allí para contar estas historias, pues fue a través de él que se transmitieron estos relatos[1].

¿Cuáles son las motivaciones del Hombre Oscuro en este relato? ¿Cómo le sirven estas leyendas? Al examinar la historia del nacimiento de Oisín, podemos suponer que permitió la formación de un vínculo que, a través del tiempo, colocó al Hombre Oscuro en la psique irlandesa.

Desde Daghdha hasta Donn Dubh, pasando por Fear Dorcha y luego Fear Dubh, hay una cadena temática que vincula versiones del relato hasta los manuscritos del siglo XII e incluso antes, a través de la tradición oral.

Mediante esta historia el Hombre Oscuro se establece como "el Mago Negro de los hombres de Dios", es decir, los Tuatha Dé Danann. Su uso de una varita de avellano, su capacidad para cambiar de forma y su exótica magia lo definen como un hada. El motivo de la transformación de la cierva también lo vincula con Donn Dubh, el Señor de los Muertos. El mundo de las hadas y el mundo de los muertos a menudo están entrelazados, por lo que esto no es sorprendente. Hay un desafío a la dualidad dentro de este relato del nacimiento de Oisín. Fear Dubh representa la oscuridad y el caos, mientras que Fionn representa la luz y el orden. La intervención de Fear Dubh en la vida de Fionn conduce al nacimiento del héroe y poeta, mitad hada y mitad ser humano, Oisín, inmortalizándolos a todos en la mitología. Este resultado demuestra cómo las fuerzas aparentemente separadas y opuestas de la luz y la oscuridad son, de hecho, los compañeros de baile que crean nuestro mundo. El Hombre Oscuro está envuelto en la fuerza más grande de Lucifer y desempeña su propio papel en el proceso creativo. Es una alegoría del gran misterio de la creación: de la oscuridad surge la luz. Es un misterio que vemos ilustrado en los primeros capítulos de la Biblia.

> Y la tierra estaba vacía y sin forma, y las tinieblas cubrían la faz del abismo. Y el Espíritu de Dios se movía sobre la faz de las aguas. Y dijo Dios: "Hágase la luz"; y la luz se hizo[2].

Este no es un proceso lineal, sino un ciclo que trasciende la comprensión humana, por lo que el folclor y la mitología son vehículos adecuados para la transmisión de este concepto: se expresa mejor a través de lo mítico-poético.

Oisín se convirtió en un hombre y se unió a la banda de héroes de su padre, haciéndose un nombre como gran poeta y guerrero. Las historias de Oisín fueron la fuente de la controvertida obra del poeta escocés James Macpherson. Su libro de 1762, *Fingal*, se centra en el héroe poeta

Ossian, extraordinariamente famoso en toda Europa. Incluso Napoleón Bonaparte era un devoto admirador.

> En agosto de 1797, el futuro Gran Maestre de la Universidad Imperial, Jean-Pierre-Louis de Fontanes, escribió una carta en la que elogiaba al joven general Bonaparte hasta las nubes. "Se dice", expresó con entusiasmo, "que siempre lleva una copia de Ossian en el bolsillo, incluso en medio de las batallas". El joven Lamartine, de dieciséis años, escribió sobre su propio crecimiento en 1806, calificando esos años como "la época en que Ossian [...] dominaba la imaginación de Francia". El pintor y crítico de arte Étienne-Jean Delécluze, pupilo favorito de Jacques-Louis David, señaló en sus memorias que, en los años posteriores a la primera campaña de Italia, había sido el propio Bonaparte quien difundió la manía por Ossian en Francia[3].

De hecho, Napoleón siguió siendo un ardiente admirador de Ossian a lo largo de su vida, "... pues Maitland descubrió Ossian entre los libros de Napoleón en el Bellerophon"[4].

La estrella de Ossian se desvaneció a medida que surgían pruebas de que las afirmaciones de Macpherson de haber traducido los poemas de textos gaélicos escoceses del siglo III no tenían mucho fundamento y que, de hecho, eran en gran medida una construcción de la mitología irlandesa feniana, canciones gaélicas y la propia creatividad de Macpherson. Sin duda, todo este asunto habría resultado divertido para el Hombre Oscuro, con su sentido del humor tan sombrío como él.

En el cuento "Oisín in Tir na nÓg" (Oisín en la tierra de la juventud), Oisín estaba cazando ciervos con su banda de héroes en las costas de Loch Léin, condado de Kerry, cuando, desde el oeste, un jinete en un caballo blanco emergió de las nieblas del mar. El jinete era la mujer hada, Niamh Cinn-Óir.

> ...vieron venir hacia ellos a una doncella de extraordinaria belleza, montada en un corcel blanco como la nieve. Vestía el atuendo de una

reina; una corona de oro adornaba su cabeza, y un manto de seda de color marrón oscuro, engalanado con estrellas de oro rojo, caía a su alrededor y se arrastraba por el suelo. Su caballo llevaba herraduras de plata en las pezuñas, y una cresta de oro asomaba en su cabeza. Cuando se acercó, le dijo a Finn: "He venido desde muy lejos, y ahora por fin te he encontrado, Finn hijo de Cumhal". Entonces Finn dijo: "¿Cuál es tu tierra y raza, doncella, y qué buscas de mí?".

"Mi nombre", dijo ella, "es Niamh, la del cabello dorado. Soy la hija del rey de la Tierra de la Juventud, y lo que me ha traído aquí es el amor de tu hijo Oisín". Luego se volvió hacia Oisín y le habló con la voz de quien nunca ha pedido nada que no le haya sido concedido.

"¿Quieres venir conmigo, Oisín, a la tierra de mi padre?". Y Oisín dijo: "Sí, hasta el fin del mundo"; pues el encantamiento de las hadas había obrado tan profundamente en su corazón que ya no se preocupaba por nada terrenal, sino por tener el amor de Niamh, la del cabello dorado. Entonces la doncella habló de la tierra de ultramar a la que había convocado a su amante, y mientras hablaba, una calma soñolienta cayó sobre todas las cosas, ni un caballo sacudió su bozal, ni un perro ladró, ni la más leve brisa se movió en los árboles del bosque hasta que hubo terminado. Y, a medida que hablaba, lo que decía parecía más dulce y maravilloso que cualquier otra cosa que después pudieran recordar haber oído, pero en la medida en que lo recordaban, era lo siguiente:

Cuán deleitable es la tierra más allá de todos los sueños,
Más hermosa que todo lo que tus ojos hayan visto jamás.
Allí, todo el año, el árbol da frutos
Y la flor está en plena floración.
Allí, los árboles del bosque gotean con miel silvestre;
Las provisiones de vino e hidromiel nunca faltarán.
Ni el dolor ni la enfermedad conocen al habitante de aquel lugar,
La muerte y la decadencia nunca más se acercarán a él.
El festín no lo hartará, ni la caza lo cansará,

> *Ni la música cesará jamás en el salón;*
> *El oro y las joyas de la Tierra de la Juventud*
> *Eclipsan todos los esplendores jamás soñados por el hombre.*
> *Tendrás caballos de la raza de las hadas,*
> *Tendrás perros que pueden correr más rápido que el viento;*
> *Cien jefes te seguirán en la guerra,*
> *Cien doncellas te cantarán para dormir.*
> *Una corona de soberanía adornará tu frente,*
> *Y a tu lado colgará una espada mágica;*
> *Serás señor de toda la Tierra de la Juventud*
> *Y señor de Niam, la del cabello dorado*[5].

Y así, al concluir Niamh su canto, terminó también el tiempo de Oisín con los Fianna. De la misma manera que Oisín había ingresado en la vida de Fionn a través de una cacería de ciervos y una mujer de las hadas, así la abandonaba.

> Cuando el caballo blanco con sus jinetes alcanzó el mar, corrió ligeramente sobre las olas, y pronto las verdes arboledas y los promontorios de Irlanda desaparecieron de la vista. Ahora el sol brillaba intensamente, y los jinetes se adentraron en una neblina dorada en la que Oisín perdió todo conocimiento de dónde estaba, o si era mar o tierra firme lo que pisaban los cascos de su caballo. Pero extrañas visiones comenzaron a aparecer en la niebla, donde torres y portales de palacios surgían y se desvanecían. Una de las visiones era un ciervo sin cuernos que corría junto a ellos, perseguido por un sabueso blanco con una oreja roja; otra era una joven doncella que cabalgaba en un corcel marrón, con una manzana dorada en la mano, y detrás de ella seguía un joven jinete en un caballo blanco, con una capa púrpura ondeando a su espalda y una espada de empuñadura dorada en la mano. Oisín habría preguntado a la princesa quiénes y qué eran estas apariciones, pero Niamh le ordenó que no preguntara nada ni se fijara en ningún fantasma que pudieran ver hasta que llegaran a la Tierra de la Juventud[6].

Oisín pasó tres años de felicidad en Tír na nÓg, donde se casó con Niamh y tuvieron tres hijos. Sin embargo, anhelaba volver a Irlanda y reunirse con sus camaradas, por lo que decidió regresar a casa. Al no poder cambiar su resolución, Niamh le regaló su caballo blanco, Embarr, con la advertencia de que no pisara el suelo de Irlanda o nunca podría volver a la Tierra de la Juventud. Cuando Oisín cruzó el mar místico y volvió a ver la accidentada costa de Irlanda, le esperaba una desagradable sorpresa: la Irlanda de los Fianna había desaparecido. Las fortalezas, con sus grandes salas de banquetes, estaban cubiertas de ruinas. En lugar de los altos y valientes héroes a los que estaba acostumbrado, había personas más pequeñas y débiles.

En algunas versiones de la historia, se dice que habían transcurrido tres siglos y que la era de los héroes había terminado y había llegado la era de san Patricio. En otras versiones, el paso del tiempo es mucho más largo. El folclor de las hadas está lleno de relatos de tiempo perdido, en los que los momentos pasados en el país de las hadas equivalen a años, a veces generaciones, en la Tierra. Hay muchas historias de personas que regresan de su estancia con las hadas y descubren que sus familiares y amigos han fallecido, o de cuerpos que envejecen o se descomponen de manera instantánea al tocar a otros seres humanos.

Oisín recorrió Irlanda buscando a sus camaradas y llegó al valle de los zorzales. Allí encontró a unos hombres forcejeando con una enorme losa de mármol. Le pidieron ayuda para moverla. (En otras versiones, son canteros los que necesitan de su auxilio). Oisín levantó la piedra con facilidad, pero al hacerlo, la cincha de su caballo se rompió y él cayó al suelo. En el instante en que sus pies tocaron la tierra de Irlanda, la profecía de Niamh se cumplió: Oisín envejeció siglos de golpe, convirtiéndose en un anciano frágil y ciego.

En *The Colloquy of the Ancients*, Oisín y su compañero, Caílte mac Rónáin, permanecieron vivos hasta la época de san Patricio y le contaron al santo las historias de los Fianna. En otras versiones de la historia, Caílte mac Rónáin no está presente y, dependiendo de la interpretación narrativa que se lea, Oisín defiende a los Fianna o bien acepta a Cristo, mientras relata la historia de su vida a Patricio.

En *Gods and Fighting Men: The Story of the Tuatha de Danaan and of the Fiana of Ireland*, la dramaturga y folclorista *Lady Gregory* se propuso reproducir la mitología irlandesa en *kiltartanés*, un término que ella acuñó para el inglés con sintaxis gaélica, basado en el dialecto hablado en Kiltartan, condado de Galway. Esta fue una decisión consciente para transmitir el espíritu de la mitología irlandesa, así como sus historias al mundo de habla inglesa, una bienintencionada tentativa de replicar la interpretación original de estos cuentos tal como pudieron haber sido contados por los narradores de Irlanda.

El libro XI, "Oisín y Patrick", es una reinterpretación de *Lady Gregory* sobre el diálogo entre estas dos emblemáticas figuras irlandesas. Este capítulo ofrece una interesante ventana hacia la forma en que la mente irlandesa había procesado y reconciliado el cambio epistemológico que supuso la llegada del cristianismo a la isla. La historia es un simbolismo de la ascensión del cristianismo sobre las creencias nativas irlandesas, representadas por Oisín. El poeta Oisín sostuvo su propio terreno en los intercambios con Patrick; de hecho, podría argumentarse que ilustró los fallos de la enseñanza cristiana sobre la salvación cuando se le presentó la información de que sus compañeros y su padre estaban en el infierno.

> "Fue Dios quien ganó la victoria sobre Finn", dijo Patrick, "y no la fuerte mano de un enemigo; y en cuanto a los Fianna, fueron condenados al infierno junto con él, para ser atormentados por siempre"[7].

Ante tal injusticia, Oisín respondió con pasión al santo patrón, cuestionando cómo un héroe tan noble como Fionn podía estar en el infierno.

> "Oh Patricio, la historia es lamentable, el rey de los Fianna encerrado; un corazón sin envidia, sin odio, un corazón forjado en la victoria. Es una injusticia que Dios no quiera concederle alimentos y riquezas. Finn nunca negó ayuda ni a fuertes ni a pobres y sin embargo, el frío infierno es ahora su morada"[8].

Imagino que el pueblo de Irlanda compartía el sentimiento de Oisín. A lo largo del pasaje, Oisín desprecia a los monjes y sacerdotes de Patricio, a quienes llama "clérigos", y recuerda continuamente al santo que, si sus antiguos compañeros estuvieran presentes, lo pondrían en su lugar y separarían las cabezas de sus clérigos de sus hombros. Este intercambio revela una tensión interna en el corazón irlandés. Los oyentes anhelan la era de los héroes. ¿Quién no apoyaría al justo héroe, mitad hada, frente al rígido y proselitista santo? Este intercambio representa una práctica cultural dual: externamente cristiana, pero que también honraba a los antiguos dioses y creencias.

El relato de Oisín enturbia aún más las aguas ontológicas del Hombre Oscuro, permitiéndole subsistir a la sombra del gigantesco entramado ideológico cristiano que se extendía por Irlanda. A través de esta y otras historias, pervive en la imaginación como un hada o un demonio indeterminado. Evidentemente, sería una omisión imperdonable no mencionar al diablo cristiano como un vehículo fundamental para su supervivencia. La principal diferencia radica en que el folclor en el que habitaba el Hombre Oscuro estaba arraigado en la lengua del pueblo: el gaélico. El cristianismo, por su parte, se expresaba en latín, un idioma que la población no comprendía. Los festivales y celebraciones irlandesas, en gran medida, fusionaban elementos paganos ancestrales con los cristianos, o bien ocultaban lo pagano bajo una apariencia cristiana, revelando así el entrelazamiento de ambas prácticas.

Esta práctica dual es un intento de la cultura irlandesa por dominar las fuerzas que el Hombre Oscuro y las hadas representan: el caos y la naturaleza dentro de un marco cristiano. Un ejemplo de esta práctica dual aún se encuentra en la Irlanda moderna, en Killorglin, condado de Kerry, durante la Feria de Puck. El principal acontecimiento de la feria es la captura de un macho cabrío salvaje al que luego coronan Rey Puck. El Rey Puck tiene una novia, tradicionalmente una colegiala de una de las escuelas primarias locales. Se casan y desfilan por la ciudad. Este es el comienzo de un festival de tres días de música y bebida. La evidencia sugiere que la feria existía mucho antes de que se llevaran registros escritos. La época del año sugiere fuertemente que el acontecimiento está vinculado a las celebraciones precristianas de Lughnasadh. El matrimonio simbólico es entre la comunidad local, representada por una niña a punto de convertirse en mujer, y la naturaleza salvaje encarnada del paisaje divino en forma de Puck. Una joven preadolescente que se casa con una cabra salvaje, dotada de impresionantes cuernos, no es un simbolismo sutil. La etimología de la palabra *puck* revela el significado de esta cabra: muy probablemente está relacionada con el púca (espíritu). Esta criatura de la mitología celta, considerada portadora tanto de buena como de mala fortuna, es mejor aplacar. Su apariencia es cambiante: puede tener el cabello o la piel claros u oscuros (un motivo que trasciende la dualidad) y transformarse en cabra, gato, perro o liebre. Incluso puede adoptar forma humana, aunque con rasgos animales, al igual que el Hombre Oscuro. El equivalente en Cornualles es bucca, a quien rinde homenaje en sus ritos el aquelarre de brujas contemporáneo Ros An Bucca. Según la folclorista Máire MacNeill en su libro de 1962, *The Festival of Lughnasa*, el relato principal que se desprende del folclor y los ritos de Lughnasadh es un conflicto entre dos dioses por la cosecha. Uno de los dioses, al que suele llamarse Crom Dubh, se queda con el grano. En el conflicto que se produce, Lugh y más tarde san Patricio arrebatan el grano a Crom Dubh para repartirlo entre el pueblo. Crom Dubh es probablemente la misma figura que Crom Cruach y comparte algunas cualidades con los Daghdha y Donn[9], otros vínculos con la deidad oscura.

La doble práctica está encarnada por Oisín, y tal vez sea ese el propósito de las artimañas del Hombre Oscuro. Oisín es un ser híbrido: es parte humano, parte hada; pertenece a ambos mundos y, sin embargo, a ninguno. Existe fuera de la realidad humana y, sin embargo, en ella. Su propia existencia es un desafío al dualismo. Oisín no está solo en este papel; a lo largo de la mitología, muchas figuras significativas han reivindicado una ascendencia similar. Si nos ceñimos a las islas británicas, Merlín también representa una encarnación de la creencia dual. El mago es hijo de una mujer mortal y de un súcubo del que hereda sus poderes sobrenaturales de profecía, videncia y cambio de forma. Michael Dames, en su libro *Merlin and Wales: A Magician's Landscape*, enmarca el propósito de Merlín y el motivo del niño prodigio de la siguiente manera:

> Para los psicólogos de la escuela de Jung, todos estos niños representan un arquetipo que simboliza "el aspecto preconsciente de la psique humana colectiva". Si se acepta el don del niño, la sociedad adulta puede redescubrir su "estado original, inconsciente e instintivo"[10].

Este estado primordial original está fuera de la dualidad, o quizá más correctamente, **antes** de ella. El niño prodigio es una pista mitológica de los grandes misterios, lo que nos devuelve a la pregunta planteada al principio de este capítulo. En las historias del nacimiento de Oisín, el Hombre Oscuro, que actúa como adversario de Fionn, pone en marcha estos acontecimientos. A través de sus acciones, la mujer hada Sadhbh se convierte en la amante de Fionn, y ambos conciben al niño híbrido, Oisín. El Hombre Oscuro elimina a Sadhbh y devuelve el niño a su padre, y la historia de Oisín dura mil años. Nos permite seguir y reconocer la corriente a través de la mitología en Fear Dubh, Donn Dubh, Daghdha y más allá de la mitología irlandesa hasta Lucifer, el ángel caído portador de luz.

4
El Interceptor Oscuro

No vengas esta noche
Pues está destinada a quitarte la vida
Hay una luna mala en ascenso.
"Bad Moon Rising"
Creedence Clearwater Revival

Los caminos que recorremos son, por naturaleza, liminales. Lugares intermedios que conectan todo y en todas partes. La carretera nos expone, nos vuelve vulnerables, pero también promete aventura. Incluso con las comodidades modernas, no somos ajenos a los retos que los viajes pueden plantear: la amenaza del crimen, los planes que se tuercen. Viajar es sinónimo de incertidumbre, y obliga al viajero a adaptarse. La carretera dicta el camino y nosotros navegamos lo mejor que podemos. Al viajar, abandonamos la seguridad de nuestros hogares y, a veces, la seguridad del mundo humano. Los peligros de otros mundos pueden acechar al viajero en su momento más vulnerable.

En Devon, Inglaterra, en la década de 1920, se produjo un fenómeno conocido como "los ataques de las manos peludas". Testigos informaron de un par de fantasmagóricas manos velludas que tomaban el control de sus vehículos y los sacaban de la carretera, causando muchos accidentes a lo largo de la autopista conocida como B3212. La historia acabó por llamar la atención de los medios de comunicación británicos. La BBC hizo eco de la historia:

> Parece que no solo los conductores corren peligro ante los dedos del diablo, sino que los excursionistas de la zona también deben

estar alerta. En 1924, una joven pareja acampaba en una caravana en el área cuando la mujer se despertó en mitad de la noche por un miedo aterrador. Desde su litera divisó, a través de la ventana, una gran mano peluda arrastrándose que, según describió, emanaba una intención maligna hacia ella y su marido. Instintivamente, la mujer hizo la señal de la cruz y afirmó que la mano retrocedió y se alejó[1].

Estos extraños sucesos obligaron a reconfigurar la carretera. Pero ¿qué ocurrió con los testigos? ¿Cómo cambiaron? ¿Se vio desafiada su cosmovisión? ¿Se tambalearon sus certezas sobre la naturaleza de la realidad? Aquí podríamos vislumbrar el patrón de acción del Hombre Oscuro.

No podemos describir los peligros del camino sin hablar de las encrucijadas. Orion Foxwood me explicó que, en su tradición, el Hombre Oscuro también es conocido como el Jinete Oscuro y el Señor de las Encrucijadas. En Norteamérica, las primeras encrucijadas o cruces de caminos seguían la migración animal, que a su vez seguía las líneas ley magnéticas de la Tierra. Y donde una se cruzaba con la otra, se formaba un pozo de poder. Estos son los lugares más potentes para invocar al Jinete Oscuro.

Robin Artisson, máximo dirigente de la convención de aquelarre Heth, escribe:

> Cuando te encuentras en la encrucijada, comprendes que debes tomar una decisión trascendental. A la izquierda te espera una tormenta de dolor y terror, de pasiones ciegas e embriagadoras, y una maravillosa fuente de imaginación e ideas. Ese es el camino hacia la muerte, aunque, al recorrerlo, te sentirías más vivo que nunca. Por otro lado, a la derecha se extiende una gran libertad, misteriosa e inimaginable, sin garantías claras. Ese es el camino hacia la vida, aunque podría implicar la muerte de todo lo que conoces, aprecias y amas[2].

Tanto si has buscado al Hombre Oscuro como si él te ha encontrado o interceptado a ti, sin duda se avecinan cambios significativos. La naturaleza de ese cambio depende de cómo reacciones. El folclor de

Gran Bretaña e Irlanda está lleno de historias de interceptores sobrenaturales que acechan a los viajeros bajo los puentes y en carreteras solitarias. Una búsqueda de los términos *Dark Man* o *Fear Dubh* en el sitio web de la *Irish National Folklore Collection*, dúchas.ie, arrojará docenas de relatos de este tipo. Las historias tienen una estructura similar. Una persona está de viaje cuando es interceptada por un gran hombre vestido de negro, a menudo a caballo, que la aterroriza de alguna manera. En una de las historias, el Hombre Oscuro demuestra sus poderes infernales sacando una bola de fuego de su abrigo, ante lo cual el viajero da media vuelta y huye (sin duda, una sabia decisión). En otras versiones, el Hombre Oscuro tiene pezuñas hendidas o es un gran perro negro. Puede aparecer en el asiento del pasajero del carro de un granjero, sin responder ni una sola vez a los intentos de conversación, antes de desaparecer y dejar petrificada a su víctima. Estos cuentos también pueden utilizarse para explicar características del paisaje:

> Una tarde, una criada iba con la merienda a casa de unos obreros en un campo cercano al puente de Tobermannan, cuando vio a un Hombre Oscuro de pie en el puente. Al verla, el hombre comenzó a caminar rápidamente. Apenas había dado tres pasos cuando de su boca brotó fuego. En ese momento la cesta cayó de la mano de la criada y el bizcocho que llevaba rodó hasta la orilla del río, donde desapareció inmediatamente. En el lugar donde cayó puede verse una gran piedra con forma de tarta[3].

Aquí, la misteriosa presencia da explicación a una peculiaridad del paisaje. El Hombre Oscuro es una fuerza terrorífica y transmutativa que convierte el bizcocho en piedra. Demuestra que domina el mundo material y que tiene planes que escapan a la comprensión humana.

A este aspecto del Hombre Oscuro lo denomino el "Interceptor Oscuro". Los detalles de estos relatos fluctúan, pero existe un patrón reconocible. El caballo del Hombre Oscuro puede ser negro o blanco, y a veces tiene ojos como carbones encendidos. El jinete suele ir vestido con las galas de un noble y, como su nombre indica, de negro de los pies a la cabeza. El siguiente cuento, "The Dark Horseman" o "El Jinete Oscuro"[4], pertenece a *Ancient Legends of Ireland*, de *Lady* Wilde.

Un día, un joven muy apuesto, llamado Jemmy Nowlan, se dirigió a pie a la feria de Slane, donde esa misma mañana temprano habían enviado a vender unas reses de su propiedad. Iba vestido con sus mejores galas, acicalado y pulcro; nadie en todo el condado podía igualar a Jemmy Nowlan en estatura, fuerza o atractivo. Avanzó, pues, muy alegre y contento consigo mismo, hasta que llegó a una parte solitaria del camino, donde no se veía un alma; en aquel momento el cielo se oscureció, como si hubiese una tormenta formándose en el ambiente, y de pronto oyó el ruido de un caballo detrás de él. Al darse la vuelta vio a un caballero muy sombrío y de aspecto elegante, montado en un caballo negro, que cabalgaba velozmente hacia él. "Jemmy Nowlan", dijo el tenebroso jinete, "te he estado buscando por todo el camino. Sube ahora, deprisa, detrás de mí. Te llevaré en un santiamén a la gran feria de Slane; pues da la casualidad de que yo mismo me dirijo hacia allí y sería muy agradable contar con tu compañía". "Agradezco su ofrecimiento, mi señor", respondió Jemmy, "pero no sería apropiado que alguien como yo montara con usted. Prefiero seguir caminando, si no le importa. Gracias de todos modos".

Jemmy, sin duda, temía al extraño caballero y a su caballo negro. Desconfiaba de ambos. ¿Acaso no había oído las historias sobre cómo las hadas secuestraban a jóvenes y los mantenían prisioneros en las profundidades de las colinas bajo tierra, donde ningún mortal podía volver a verlos ni conocer su destino? Decían que los jóvenes solo podían visitar a sus familias en las noches de los muertos, caminando con ellos cuando se levantaban de las tumbas. Así pues, volvió a poner excusas, mientras miraba a su alrededor en busca de algún camino por el que pudiera escapar si fuera posible.

"Vamos, Jemmy Nowlan", dijo el jinete oscuro, "todo esto es absurdo; realmente debes venir conmigo".

Y al decir esto, se inclinó y lo tocó ligeramente en el hombro con su látigo. En un instante, Jemmy se encontró sentado sobre el caballo, galopando como el viento con el jinete oscuro. Y no se detuvieron ni descansaron hasta que llegaron a un gran castillo en un bosque, donde un cuantioso grupo de sirvientes vestidos de verde y dorado esperaban en los escalones para recibirlos. Eran las personas más pequeñas que Jemmy había visto en su vida; pero no hizo ningún comentario, pues eran muy corteses y lo rodearon para saber qué podían hacer por él.

"Llévenlo a una habitación a vestirse", dijo el caballero, quien parecía ser el dueño del castillo. En la habitación, Jemmy encontró un hermoso traje de terciopelo, así como un sombrero y una pluma. Tras ser vestido por los pequeños sirvientes, lo condujeron a un gran salón, iluminado y adornado con guirnaldas de flores, donde se celebraba una fiesta con música, baile y la presencia de muchas hermosas damas. Sin embargo, ninguna de ellas era tan elegante como Jemmy Nowlan en su traje de terciopelo, sombrero y pluma. "¿Bailarás conmigo, Jemmy Nowlan?", preguntó una hermosa dama. "No, Jemmy, debes bailar conmigo", dijo otra. Todas lo disputaban, por lo que Jemmy bailó con todas ellas, una tras otra, durante toda la noche, hasta que estuvo completamente agotado y anheló acostarse a descansar. "Lleven a Jemmy Nowlan a su habitación a dormir", ordenó el caballero a un hombre pelirrojo. "Pero primero debe contarme una historia". "No tengo ninguna historia, su señoría", respondió Jemmy, "pues no soy erudito. Estoy muy cansado, déjeme acostarme a dormir". "¡Dormir, por supuesto!", replicó el caballero. "No si puedo evitarlo. Aquí, Davy", llamó al hombre pelirrojo, "llévate a Jemmy Nolan, sácalo de aquí; no puede contar ninguna historia. No quiero aquí a nadie incapaz de narrarme una historia. Sácalo, no vale ni su cena".

El pelirrojo expulsó a Jemmy por la puerta del castillo. Apenas se estaba acomodando a dormir en un banco afuera, cuando tres hombres pasaron llevando un ataúd.

"¡Oh, Jemmy Nowlan!, eres bienvenido", dijeron. "Solo queríamos un cuarto hombre para llevar el ataúd".

Lo obligaron a meterse debajo con ellos y marcharon por setos y zanjas, campos y pantanos, a través de zarzas y espinas, hasta llegar al antiguo cementerio del valle, donde se detuvieron.

"¿Quién cavará una tumba?", preguntó uno. "Tiremos a suertes", dijo otro. Y la suerte le tocó a Jemmy. Así que le dieron una pala y trabajó hasta que la tumba estuvo cavada, ancha y profunda.

"Este no es el lugar correcto en absoluto para una sepultura", dijo el líder del grupo cuando la tumba estuvo terminada. "No permitiré que nadie sea enterrado en este lugar, porque aquí descansan los huesos de mi padre". Así que tuvieron que levantar el ataúd de nuevo y llevarlo por los campos y los pantanos hasta llegar a otro cementerio, donde Jemmy se vio obligado a cavar una segunda tumba. Cuando terminó, el líder gritó: "¿A quién pondremos en el ataúd?". Y alguien respondió: "¡No hay necesidad de sorteos; metamos a Jemmy Nowlan en el ataúd!".

Los hombres se abalanzaron sobre él y trataron de arrojarlo al suelo. Pero Jemmy era muy fuerte y luchó contra todos ellos. Aun así, no lo soltaron, a pesar de los golpes que él les propinaba, capaces de matar a cualquier otro hombre. Finalmente, se sintió desfallecer, pues no tenía arma alguna para luchar y sus fuerzas se agotaban.

Entonces, vio que el líder llevaba una vara de avellano en la mano y supo que le traería suerte. Así pues, dio un salto repentino, la agarró y la hizo girar tres veces sobre su cabeza. Tras golpear a sus atacantes de derecha a izquierda, ocurrió algo extraño y maravilloso: los tres hombres que estaban listos para matarlo cayeron de inmediato al suelo y permanecieron allí inmóviles, como muertos. El ataúd, en cambio, seguía blanco a la luz de la luna, sin que nadie lo tocara y sin que ninguna voz hablara.

Pero Jemmy no se detuvo a mirar o pensar, por miedo a que los hombres se levantaran de nuevo. Así que huyó, sosteniendo la vara de avellano en la mano. Corrió por campos y pantanos, a través de zarzas y espinas, hasta que se encontró de nuevo en la puerta del castillo. Entonces salieron los grandes sirvientes, pero pequeños hombres, y dijeron: "Bienvenido, Jemmy Nowlan. Entre; su señoría lo espera".

Lo llevaron a una habitación donde el señor estaba recostado en un sofá de terciopelo. Este le dijo: "Ahora, joven, cuéntame una historia, pues a nadie en mi castillo se le permite comer, beber o dormir hasta que haya relatado algo maravilloso que le haya sucedido".

"Entonces, mi señor", dijo Jemmy con humildad, "puedo relatarle una historia verdaderamente maravillosa; me siento muy honrado de poder entretener a vuestra señoría".

Así que le contó la historia de los tres hombres y el ataúd. Al señor le gustó tanto que ordenó a los sirvientes que le llevaran al joven una cena exquisita y el mejor vino. Jemmy comió como un príncipe en platos de oro y bebió vino en finas copas de cristal. Disfrutó de todo lo mejor. Pero después de la cena se sintió un poco extraño, como mareado, y se desplomó en el suelo como un muerto. A partir de entonces, no supo nada hasta que se despertó a la mañana siguiente y se encontró tendido debajo de un pajar en su propio campo. Todas sus hermosas ropas habían desaparecido; el traje de terciopelo, el sombrero y la pluma con los que lucía tan apuesto en el baile, cuando todas las elegantes damas se enamoraron de él. Solo le quedaba la vara de avellano, que seguía sosteniendo firmemente en su mano.

Jemmy Nowlan se encontraba muy triste y desanimado aquel día, especialmente cuando le informaron de que no se había vendido ni un solo animal en la feria, puesto que sus hombres lo habían estado esperando, preguntándose por qué no llegaba a cuidar su dinero, mientras todos los demás granjeros vendían su ganado a los mejores precios.

Jemmy Nowlan nunca logró entender por qué las hadas le habían jugado esa mala pasada para impedirle vender su ganado. Pero estaba seguro de que si alguna vez volvía a encontrarse con ese oscuro desconocido del caballo negro, probaría la fuerza de su *shillelagh* [bastón] en su cabeza, aunque fuera un gran hombre entre las hadas. Al menos podría haberle dejado el traje de terciopelo; fue una acción mezquina llevárselo justo cuando no podía evitarlo y había caído por debilidad y agotamiento después de tanto bailar y del vino que bebió en la cena, servido por hermosas damas con delicadas manos cubiertas de joyas.

Fue realmente una jugarreta mala y mezquina, como Jemmy se dijo aquella mañana de mayo al levantarse bajo el pajar, y solo nos demuestra que nunca hay que confiar en las hadas, pues con todas sus dulces palabras, agradables modales y brillante vino tinto, están llenas de malicia, envidia y engaño. Siempre estarán dispuestas a arruinar a un pobre hombre y luego reírse de él, solo por diversión, por el rencor y los celos que tienen contra la raza humana.

Al deconstruir la historia, se advierte que Jemmy es descrito como un joven apuesto. Al ser llevado al palacio del jinete oscuro, Jemmy solo se preocupa por lucir bien y entretener al sexo femenino. Cuando es presionado por su anfitrión, no tiene nada que decir, ninguna historia que contar, y pierde el derecho a estar ahí, por lo que es expulsado y se ve obligado a luchar por su vida con adversarios que lo llevarían a la tumba. Con una varita de avellano, Jemmy rompe el control que ejercían sobre él y regresa con el jinete oscuro, cuenta su historia y es recompensado. Cuando Jemmy se despierta, sus galas han desaparecido y su ganado no se ha vendido en la feria.

"No tener una historia que contar" es análogo a no tener profundidad. Jemmy se ve obligado a confrontar su propia muerte y se queda con poco al siguiente amanecer. Aprende que la muerte puede llegar en cualquier momento y que no hay nada más efímero que la juventud y la belleza. Sobre todo, aprende a desconfiar de las hadas. Es un truco barato, que cuestiona su visión del mundo y sus valores.

Nos quedamos con *Lady* Wilde en otro viaje interrumpido, "The Ride with the Fairies" (El paseo con las hadas)[5].

Érase una vez un caballero, uno de los Kirwan de Galway, que cabalgaba por la colina de las hadas, donde todas las hadas del oeste celebraban sus consejos y reuniones bajo el reinado del rey Finvarra.

De repente, apareció un extraño jinete montado en un fogoso corcel negro. Pero como el extraño lo saludó con distinguida elegancia, el señor Kirwan le devolvió el saludo cortésmente, y cabalgaron juntos, conversando agradablemente, pues el extraño parecía conocerlo todo y a todos, aunque el señor Kirwan no recordaba haberlo visto nunca.

"Bueno", dijo el jinete oscuro, "sé que mañana estará en las carreras, así que permítame que le eche una mano: si quiere estar seguro de ganar, acceda a que le envíe a mi hombre para que monte su caballo. Nunca ha fallado en una carrera, y estará con usted temprano, antes de la salida". Y así, en un recodo del camino, el forastero desapareció; pues no era otro que el propio Finvarra, que sentía una simpática afición por la tribu de los Kirwan, porque todos los hombres que procedían de su sangre eran generosos, y todas las mujeres, hermosas. A la mañana siguiente, cuando el señor Kirwan salía para la carrera, su mozo de cuadra le dijo que un joven jinete lo estaba esperando. Era el diablillo de aspecto más extraño que jamás había visto, pensó el señor Kirwan, pero se sintió obligado a concederle todos los derechos y el poder necesarios para la carrera. Así, el joven partió en un momento, como un relámpago.

En esta historia, el Hombre Oscuro, Finvarra, es una figura compuesta por el rey de las hadas, el diablo y el Señor de los Muertos. Siente predilección por la familia Kirwan, generosa y atractiva, y vela por su linaje.

El señor Kirwan no supo nada más; parecía estar en un sueño hasta que le entregaron la copa de plata como ganador de la carrera, le llovieron las felicitaciones y todo el mundo le preguntó con impaciencia de dónde había sacado al maravilloso jinete que parecía hacer volar al caballo como el espíritu del propio viento. Pero el jinete había desaparecido. Sin embargo, el forastero del caballo negro estaba allí y obligó al señor Kirwan a acompañarlo a cenar. Así pues, siguieron cabalgando agradablemente, como antes, hasta que llegaron a una casa grande y hermosa, con una multitud de magníficos sirvientes esperando en la escalera para recibir al amo y a su invitado.

Uno de ellos condujo al señor Kirwan a su habitación para que se vistiera para la cena; allí encontró preparado un costoso traje de terciopelo violeta con el que se vistió con ayuda del sirviente. Luego entró en el comedor. Estaba todo espléndidamente iluminado y había guirnaldas de flores enroscadas alrededor de columnas de cristal, copas de oro adornadas con joyas para el vino y platos de oro. El anfitrión parecía un consumado hombre de mundo y hacía los honores con perfecta gracia. La conversación fluyó libremente, mientras se oía a intervalos la suave música de músicos invisibles. El señor Kirwan no pudo resistirse al encanto y la belleza de la escena, ni al brillante vino tinto que su anfitrión sirvió para él en las copas enjoyadas.

Luego, cuando terminó el banquete, una multitud de damas y caballeros entraron y bailaron al son de una música dulce y ligera, mientras rodeaban al invitado e intentaban atraerlo al baile. Pero cuando los miró bien, le pareció que eran todos los muertos que había conocido en otro tiempo; allí estaba su propio hermano, que se había ahogado en el lago un año antes, y un hombre que había muerto tras una caída cuando cazaba, y otros cuyos rostros conocía bien. Todos estaban pálidos como la muerte, pero sus ojos ardían como brasas de fuego.

Mientras miraba asombrado, se le acercó una encantadora dama que llevaba un collar de perlas. Le agarró la muñeca con su pequeña mano y trató de atraerlo hacia el círculo. "Baila conmigo", le susurró, "baila conmigo otra vez. Mírame, porque una vez me amaste". Cuando la miró supo que estaba muerta. El apretón de su mano fue como un anillo de fuego alrededor de su muñeca. Retrocedió aterrorizado, al advertir que era una hermosa muchacha a la que había amado en su juventud y a la que había regalado un collar de perlas, pero que murió antes de que pudiera hacerla su mujer.

Entonces su corazón se hundió de miedo y pavor. En ese momento se dirigió a su anfitrión: "Sáqueme de este lugar. Conozco a los bailarines; están muertos. ¿Por qué los ha sacado de sus tumbas?".

Pero el anfitrión solo se rió y le dijo: "Debes tomar más vino para mantener tu valentía". Y le sirvió una copa de vino más rojo que los rubíes.

Cuando la bebió, todo el espectáculo, la música y la multitud se desvanecieron ante sus ojos y cayó en un profundo sueño, sin saber nada más hasta que se encontró en su casa, tendido en su cama. El criado le contó que un extraño jinete lo había acompañado hasta la puerta a altas horas de la noche, y que les había encargado que acostaran suavemente al amo en su lecho y que de ningún modo lo despertaran hasta el mediodía del día siguiente, pues estaba cansado después de la carrera; les ordenó que llevaran al caballo a los establos y lo atendieran con cuidado, pues el animal estaba cubierto de espuma y todo tembloroso.

Al mediodía, el señor Kirwan se despertó y se levantó tan bien como siempre, pero de la fiesta de las hadas no le quedó más que la marca en su muñeca de una mano de mujer, que parecía grabada a fuego en su carne. Así supo que la aventura de la noche no había sido un mero sueño de su imaginación. La marca de la mano fantasma permaneció con él hasta su última hora, y la figura de la joven con su collar de perlas se le aparecía a menudo en una visión nocturna, pero nunca volvió a visitar el palacio de las hadas, ni volvió a ver al jinete oscuro. La copa de plata de la que había bebido esa noche, que también apareció en su cama al día siguiente, la arrojó al lago, pues pensó que le había llegado por la magia del diablo y que no le traería buena suerte ni a él ni a su raza. Así que la copa de plata se hundió bajo las olas y no se volvió a ver.

Nuevamente, los temas del rapto, la muerte y la fugacidad de la juventud y la belleza se entrelazan en la narrativa. El señor Kirwan es conducido a un palacio en un país de las hadas de los muertos, donde es sometido a una prueba. Se le presentan los símbolos de la riqueza material: un traje de terciopelo, un palacio con columnas de cristal, vajilla de oro. Posteriormente, se enfrenta a los fantasmas de sus seres queridos perdidos. En su momento de mayor angustia, se le insta a beber y a ser valiente. Al hacerlo, supera el miedo y sobrevive, pero queda profundamente conmocionado por la experiencia. Asustado y atormentado, arroja la copa de plata, pues sus valores se han transformado y su percepción del mundo se ha alterado radicalmente.

La aparición del Hombre Oscuro desencadena el caos y, paradójicamente, ilumina la verdad. Ofrece una disyuntiva: adaptarse o perecer, perseverar o sufrir. En ambas historias, las ilusiones de la realidad material se desmoronan; la riqueza material pierde su valor; el opulento banquete se convierte en un tormento. Kirwan experimenta la muerte y la repulsión en contraste con la vida y el deseo, encarnados en su amada fallecida. Es una metáfora de las limitaciones del pensamiento dualista. El encuentro con el tiene el potencial de disolver la ilusión egoica, o *maya*. *Maya*, un concepto fundamental en el *Advaita* no dualista, una escuela influyente del Vedanta, es una de las seis *dárshanas* o doctrinas de la filosofía india.

> *Maya* se refleja en el plano individual a través de la ignorancia humana (*ajnana*) sobre la verdadera naturaleza del yo, que se confunde erróneamente con el ego empírico, cuando en realidad es idéntico al *brahman* [principio universal supremo][6].

Aunque estos relatos se centraban en el viaje físicamente interceptado, en realidad es en el **viaje vital** donde se produce la interceptación. Con el Hombre Oscuro siempre hay capas de significado. Nunca llegamos al centro de estas capas porque nos es imposible hacerlo. El Hombre Oscuro nos sacude para recordarnos que debemos seguir el propósito de nuestra alma. A menudo ese propósito es el que sirve a su agenda. El narrador irlandés Eddie Lenihan habla de las hadas que necesitan a los seres humanos para sus asuntos, cualesquiera que estos sean. Lo mismo puede decirse del Hombre Oscuro, y solo el diablo lo sabe.

El Interceptor no se limita a las solitarias carreteras rurales de Gran Bretaña e Irlanda; hoy lo encontramos en nuestro entorno cotidiano. A través de los relatos, mantiene viva su presencia en nuestro lenguaje cultural. Pensemos en los personajes oscuros de los medios contemporáneos: desde el conductor fantasma de la película *The Hitcher* (Asesino en la carretera) hasta Lorne Malvo en *Fargo*, pasando por el anónimo pistolero del *spaghetti western*. Todos ellos están cortados por el mismo patrón que el Interceptor Oscuro. Habita en nuestras historias, revelándose lo suficiente para que lo reconozcamos si nuestros caminos se cruzan. Si alguien se lo encuentra, lo más sensato probablemente sería dar media vuelta y huir. No hay por qué avergonzarse.

> Existen caminos por los que es mejor no transitar. Antiguamente, los mapas solían advertir: "Aquí hay dragones". Hoy en día, esa advertencia ha desaparecido. Pero eso no significa que ya no haya dragones.
>
> LORNE MALVO, *FARGO*

Sin embargo, algunos nos sentimos impulsados a adentrarnos por los caminos de Malvo. Quizás una parte de nosotros necesita confrontar lo que nos aguarda allí, más allá de nuestros temores. Tal vez, en lo más profundo de nuestro ser, anida un fuego latente que solo un dragón puede encender.

5
Astuto embaucador, revolucionario cultural

Al igual que el flautista de Hamelin
guió a las ratas por las calles,
nosotros bailamos como marionetas,
mecidos por la sinfonía de la destrucción
"Symphony of Destruction"
Megadeth

El embaucador es un vector de caos y cambio que sacude nuestras vidas y nuestro entendimiento con todo tipo de trucos perversos, maravillas, terrores y contradicciones deliberadas. Se burla de nuestros planes y ambiciones, enviándonos por callejones sin salida y a cometer locuras. Nos exaspera con comunicaciones absurdas salpicadas de revelaciones enigmáticas. Nos conduce en círculos y desafía cualquier intento de categorización. En última instancia, nos invita a la iniciación. Si prestamos atención, quizá lleguemos a comprender la broma. Si escuchamos sin discernimiento podemos convertirnos en ella.

Muchos de nosotros sentimos una inclinación innata a desafiar las normas y traspasar los límites, a menudo sin comprender del todo el porqué. El embaucador encarna la esencia misma del caos. Rompe las convenciones establecidas para sacudir los cimientos de la realidad y dar paso a lo nuevo. Cuando las estructuras de poder se vuelven rígidas y obsoletas, el embaucador surge para sembrar la discordia y restablecer el equilibrio cósmico. Una vez disipada la tormenta, nos encontramos en un nuevo paisaje, donde las montañas de la tradición y el consenso se han derrumbado en el mar. Sin embargo, cuando el embaucador va demasiado lejos, como ocurre con frecuencia, un héroe que representa las fuerzas del orden acude para restablecer el equilibrio. Es una historia tan antigua como el tiempo; basta con recordar a Adán y Eva.

Si revisamos el folclor analizado en los capítulos anteriores, observaremos diversas artimañas en el comportamiento del Hombre Oscuro y sus personajes asociados. Donn Dubh, por ejemplo, atrae a los Fianna a su palacio mediante un engaño: transforma a un hada en una cierva para que la cacen. El Jinete Oscuro, por su parte, ofrece al señor Kirwan su ayuda en una carrera, lo que conduce a un escalofriante enfrentamiento con los muertos en el más allá. Estos embaucadores nos advierten de que no aceptemos el *statu quo*. Podría argumentarse, incluso, que el terror de un encuentro con el Hombre Oscuro es, en sí mismo, un ardid. La sombría silueta que invade nuestros sueños es una ilusión imposible de ignorar, al igual que los fenómenos paranormales que desafían la racionalidad y, sin embargo, persisten. Como acertadamente conjetura Patrick Harpur:

> Todos los *daimones* son embaucadores, al igual que las hadas, y están al servicio de Hermes-Mercurio. Cuanto más los ignoramos, más nos atormentan, hasta que sus artimañas comienzan a parecer siniestras y se transforman, en esencia, en el diablo[1].

Creo que el encuadre que propone Harpur ofrece una nueva perspectiva sobre la verdad. La corriente embaucadora, al igual que la creativa, fluye a través de estas entidades enigmáticas. Si bien no son necesariamente emanaciones del Ser Oscuro, parecen estar sujetas a su voluntad y dispuestas a servirle. Ni siquiera los dioses son inmunes a los engaños del embaucador: desde Anansi y Nyame, el dios del cielo, hasta Hermes y Apolo, esta figura mítica sacude los cimientos del orden establecido, garantizando así la renovación constante. Para instigar el cambio, el embaucador cuenta con un amplio arsenal de herramientas, como accidentes, anomalías paranormales, etc. De esta manera, hace girar la rueda de la fortuna, poniendo en duda tanto nuestro consenso colectivo como nuestras realidades individuales.

En el capítulo uno hablé sobre las huellas del diablo en Devon, Inglaterra, y la talla de madera del diablo cornudo que preside la iglesia de St. Mary en Swansea, Gales. Estos fenómenos, tan comunes en la literatura forteana, se han atribuido tradicionalmente al Hombre Oscuro. La Europa medieval era un caldo de cultivo para las maquinaciones del embaucador, y la Alemania del siglo XIII fue el escenario de una de las historias de rapto más famosas de todos los tiempos: la del Flautista de Hamelin. En "Evolution of the Pied Piper" ("Evolución del Flautista de Hamelin"), Bernard Queenan señala que la versión escrita más antigua que se conserva data de alrededor de 1370 y aparece como nota final en una copia de *Catena Aurea*[2] de Heinrich von Herod, originalmente redactada en latín:

> Cabe destacar un acontecimiento verdaderamente extraordinario que tuvo lugar en la ciudad de Hamelin, diócesis de Minden, en el año del Señor de 1284, el mismo día de la fiesta de los santos Juan y Pablo. Aquel día, un joven de treinta años, apuesto y elegantemente vestido, cruzó el puente y la puerta del río Weser, causando asombro entre los habitantes por su porte y atuendo. Con una flauta de plata, comenzó a interpretar una melodía cautivadora que recorrió toda la ciudad. De manera inexplicable, unos ciento treinta niños, hechizados por la música, siguieron al joven más allá de la muralla oriental, adentrándose en el lugar del calvario o campo de la horca. Allí, desaparecieron sin dejar rastro, y nadie pudo jamás dar cuenta de su paradero. Desconsoladas, las madres de los niños vagaron de ciudad en ciudad sin hallar rastro alguno de sus hijos. Se oyó una voz en Rama y cada madre lloró a su hijo. Y como la gente cuenta según los años del Señor o según el primero, segundo y tercer año después de un jubileo, así han contado en Hamelin según el primero, segundo y tercer año después del éxodo y la partida de los niños. La madre del señor Johann de Lude, el diácono, fue testigo presencial de cómo los niños se alejaban, cautivados por la melodía del flautista[3].

El Flautista de Hamelin había liberado a la ciudad de una plaga de ratas, cumpliendo su acuerdo con el alcalde, que consistía en ahogar a los roedores en el cercano río Weser. Sin embargo, el alcalde incumplió su promesa y despidió al flautista con una mísera suma de dinero como recompensa. El resto, como se sabe, es historia, o mejor dicho, historia folclórica. Esta leyenda plantea varios temas interesantes. El flautista, un forastero, llega en el momento de mayor desesperación de la ciudad. En algunas versiones es descrito como un hombre apuesto, portador de una flauta de plata. La plata, metal precioso y raro, acentúa su encanto y misterio. En toda Europa, los gaiteros han estado asociados a lo mágico y lo sobrenatural; en Irlanda, en particular, se creía que los músicos más talentosos habían aprendido su arte en el país de las hadas o habían

Fig. 4. La imagen más antigua del Flautista de Hamelin, copiada de la vidriera de la Iglesia del Mercado en Hamelin, Alemania (c. 1300–1633); destaca la representación de una cueva como entrada a otro mundo en la esquina superior derecha
Wikimedia Commons

recibido la inspiración de estos seres. El flautista suele representarse con un atuendo multicolor, a menudo adornado con rayas brillantes o rombos, característico de un bufón. Su capacidad para encantar a las ratas demuestra un dominio sobre los animales típico de los chamanes en diversas culturas. Sin embargo, en el caso del Flautista de Hamelin, su poder se extiende también a los niños. Algunas versiones narran cómo los pequeños, hechizados por su melodía, bailan de manera incontrolable hacia una cueva cercana. Allí se abre una puerta que conduce al país de las hadas, y el flautista los guía hacia este misterioso lugar. Otras versiones presentan a un niño cojo, testigo impotente de cómo sus compañeros desaparecen tras la puerta, que se cierra de golpe. El castigo infligido al alcalde y a los habitantes de Hamelin por su avaricia resulta asombrosamente cruel, sirviendo como una advertencia sobre las consecuencias de incumplir un contrato, en particular si se ha pactado con el diablo. La severidad de este castigo explica por qué, a pesar de los siglos transcurridos, seguimos hablando de él.

Por inverosímil que parezca, la leyenda tiene cierta base histórica. A lo largo de la Edad Media se produjeron numerosos casos de manía danzante, o coreomanía, en los que grupos de personas, niños y adultos, bailaban frenéticamente hasta el colapso. Este fenómeno fue conocido como "la plaga del baile". Los relatos describen a individuos bailando durante días, incluso meses, como marionetas movidas por hilos invisibles. ¿Quién o qué desencadenaba esta danza compulsiva? Una teoría apuntaba al ergotismo, o intoxicación por cornezuelo de centeno, una sustancia que puede causar alucinaciones, espasmos y temblores. Sin embargo, John Waller, en su artículo publicado en *The Lancet*, presentó argumentos en contra de esta hipótesis:

> Esta teoría no parece sostenible, ya que es poco probable que individuos envenenados con cornezuelo de centeno pudieran haber bailado de manera ininterrumpida durante días. Además, es difícil creer que un número tan elevado de personas hubiera reaccionado de la misma forma a las sustancias psicotrópicas. La teoría del ergotismo tampoco

explica por qué prácticamente todos los brotes se produjeron en regiones cercanas a los ríos Rin y Mosela, zonas unidas por vías fluviales, pero con climas y cultivos muy diferentes[4].

Volviendo a la Inglaterra victoriana, nos encontramos con *Spring-Heeled Jack* o Jack el saltarín, una anomalía diabólica con la extravagante capacidad de saltar grandes alturas. Jack el saltarín surgió por primera vez en el siglo XIX, aterrorizando a los londinenses y habitantes de lugares cercanos. Apareció en la prensa local y en los relatos de la época. En octubre de 1837, una joven llamada Mary Stevens fue abordada mientras paseaba por Clapham Common, en Londres. El agresor rasgó sus ropas y le clavó las garras, que, según ella, estaban "frías y húmedas como las de un cadáver"[5]. Afortunadamente, los gritos de Mary bastaron para ahuyentar a su atacante, que desapareció en la noche londinense. Al día siguiente se informó de otro incidente en la misma zona de Londres, en el que una figura similar había saltado delante de un carruaje, provocando su choque. Los testigos refirieron que había saltado por encima de un muro de tres metros y había escapado mientras cacareaba con una risa aguda[6]. Jack el saltarín, como llegó a ser conocido en la prensa, fue descrito con ojos como fuego rojo ardiente, manos con garras, un casco y ropa blanca, de piel aceitosa, bajo una capa negra. Otros definieron su aspecto como el de un oso o el de un fantasma.

De todas las apariciones de Jack el saltarín, la agresión a Jane Alsop, de dieciocho años, en 1838, fue la más sensacionalista. Su descripción compartía similitudes con la de Mary Stevens, incluida la apariencia fantasmal, pero se distinguía por un detalle escalofriante: el ser había escupido fuego azul y blanco en su rostro. Dos días antes, en el bullicioso puerto londinense, Lucy Scales y su hermana también habían sido víctimas de un extraño cubierto por una capa y de alta estatura que les escupió fuego azul en el rostro[7]. Llevaba capa y era alto y delgado. Este último detalle recuerda la historia del Hombre Oscuro y el bizcocho de piedra del puente de Tobermannan. Tras decenas de avistamientos en Londres y en todo el Reino Unido, la figura de Jack el saltarín se convirtió en sinónimo del hombre del saco, encarnando así los temores a lo desconocido e inexplicable. Los ataques se produjeron en el apogeo del Imperio británico cuando "el civismo y la racionalidad" justificaban su dominación sobre los pueblos indígenas. Bajo este pretexto, el imperialismo británico y sus predecesores ideológicos habían perfeccionado sus métodos en los pueblos celtas de Gran Bretaña e Irlanda antes de exportarlos a escala global. Mientras tanto, los ciudadanos de la capital imperial vigilaban los tejados, atemorizados por un demonio que escupía fuego. Como si se quisiera subrayar este punto, los últimos avistamientos ocurrieron en 1877, en la guarnición de Aldershot, al sudeste de Inglaterra. Aldershot era reconocida como la sede del ejército británico, por aquel entonces la fuerza militar más poderosa del mundo, con unos diez mil soldados. Y, sin embargo, este lugar, aparentemente inexpugnable, fue el escenario elegido por Jack para perpetrar una serie de ataques:

> En varias ocasiones, el espectro se materializó en solitarias garitas situadas en las afueras del campamento. Trepando por ellas, deslizaba una mano gélida sobre los rostros aterrados de los soldados que vigilaban, para luego desvanecerse en el brezal con su habitual agilidad. En al menos dos oportunidades, los centinelas reaccionaron a tiempo y dispararon en su dirección. Sin embargo, si alguna bala lo alcanzó, el ente fantasmal no mostró señal alguna de herida. Y, con el retorno del otoño, volvió a repetir sus macabras acciones primaverales[8].

Jack era intocable; golpeaba repetidamente y con brutalidad el corazón del ejército británico, con total impunidad. ¿Qué mensaje transmitiría a la opinión pública británica semejante cadena de acontecimientos? Un imperio que dominaba una quinta parte del planeta se veía desconcertado por un demonio burlón, de un frío glacial, que surgía y se desvanecía a capricho para sembrar el caos. ¿Bastó esto para minar la fe en la autoridad imperial y en el Estado de derecho? Evidentemente, no. Sin embargo, en los corazones de las víctimas, de los testigos y de quienes oyeron los relatos, el mundo había dado un vuelco. Un apocalipsis ontológico los había sumido en un estado de desconcierto, convirtiéndolos en portadores de historias que contar o de las que serían objeto.

La Revolución Industrial, iniciada en Gran Bretaña a mediados del siglo XIX, transformó radicalmente el país. En tan solo cincuenta años, la población se duplicó con creces, pasando de 8,3 a 16,8 millones de habitantes. Este auge demográfico, acompañado de una rápida urbanización, dio lugar a una sociedad marcada por la modernidad y una rígida estructura de clases. A medida que la población abandonaba los paisajes rurales y la naturaleza salvaje para concentrarse en fábricas y barrios obreros, Jack recordaba a las masas que aún existía una razón sobrenatural para temer a la oscuridad. Trasladando los miedos de las tierras salvajes a las ciudades, advertía a los pobladores que, aunque hubieran olvidado al diablo, este no los había olvidado a ellos.

Jack el saltarín desapareció de la consciencia británica a finales de siglo y pronto sería recordado como una fantasía victoriana extraída de las páginas de algún cuento de terror sensacionalista, más que como el terror real que representaba. Cada generación suele asumir una superioridad intelectual respecto a las precedentes, y las anomalías históricas como Jack el saltarín suelen descartarse como producto de la imaginación desbordada de un pueblo inculto y supersticioso. Sin embargo, en 2012, el *Sutton & Croydon Guardian*, un periódico regional inglés, publicó lo siguiente:

> La noche del martes 14 de febrero, alrededor de las 22:30 horas, Scott Martin y su familia se dirigían a su casa en taxi cuando avistaron una figura aterradora que cruzó la carretera frente a ellos. Los testigos la describieron como "similar al legendario Jack el saltarín", ya que, al acercarse al Nescot College por la carretera de circunvalación de Ewell, saltó una distancia de 4,5 metros por encima de un banco[9].

La familia describió a la criatura como una "figura oscura sin rasgos". El artículo relataba un incidente similar ocurrido unos años antes, en el que una mujer aterrorizada chocó su automóvil para evitar a una figura oscura que cruzaba la carretera. Estos relatos nos recuerdan que no somos más inmunes al engaño diabólico que nuestros antepasados.

En 2013, un miembro del sitio web *Your Ghost Stories* del condado de Offaly, en Irlanda, compartió un relato similar sobre una figura oscura. El tío de un amigo del autor de la publicación conducía por una carretera de Ballycumber cuando vio una figura completamente negra, de unos dos o tres metros de altura, de pie en la carretera. Aterrorizado, intentó dar marcha atrás, pero cuando miró por encima del hombro y luego una vez más hacia el frente, la figura había aparecido misteriosamente justo delante de su coche y había colocado sus manos, que eran blancas (nótese el no dualismo), sobre el capó del vehículo, lo que le hizo salir apresuradamente del coche y correr. Al mirar hacia atrás, la figura había desaparecido.

En otro incidente, una vecina de la tía del autor de dicha publicación telefoneó para informar de que había una figura negra delante de su casa, mirando por la ventana del salón.

Mientras paseaban a su perro por un bosque, el padrino del autor y un amigo se toparon con una figura oscura que bloqueaba el sendero. Aterrados, intentaron huir, pero el perro se soltó y atravesó a la figura negra.

Otra noche, la tía se despertó y vio el rostro de una figura negra a su lado. El ente se levantó, se dirigió a la ventana y miró hacia fuera antes de desaparecer[10].

Este informe sintetiza las características principales del Hombre Oscuro. Su aparición se interpone en el camino de los individuos y realiza hazañas que parecen imposibles. Su apariencia cambia de un negro absoluto a un tono parcialmente blanco, sugiriendo que la luz proviene de la oscuridad. A pesar de su aspecto aterrador, esta figura demuestra un interés ambiguo en ayudar a quienes se encuentran en dificultades. Su vínculo con la familia es enigmático y su presencia logra unir a las personas. Los testigos suelen referir haberlo visto observándolos desde las sombras, un fenómeno comúnmente asociado con individuos que poseen capacidades psíquicas (como se detallará en la segunda parte de esta obra). La figura se manifiesta con frecuencia en entornos naturales, como bosques, donde se interpone en el camino de los individuos, exigiendo su atención. Algunos testigos relatan haber corrido a través de lagos con tal de escapar de su presencia. Cualquier intento de racionalizar estos encuentros resulta infructuoso. Aunque pueda hallarse un consuelo temporal en explicaciones alternativas, la figura del Hombre Oscuro tiende a reaparecer, tal vez hasta el punto de ser percibida como una entidad real.

El individuo aquí mencionado se sintió impulsado a compartir estas experiencias en línea, buscando respuestas a los inquietantes acontecimientos. La llegada del Hombre Oscuro trastoca la forma de entender la realidad. Los cimientos sobre los que se construye un visión del mundo se vuelven inseguros y puede ser necesario abandonarlos para dar paso a una nueva estructura que debería ser capaz de acomodar lo anómalo y lo paranormal, a pesar de las limitaciones de la comprensión humana y las restricciones del cientificismo. De esta manera, la función del embaucador se hace realidad.

Este último puede lograr resultados similares a nivel social, impulsando el cambio cultural. En un juego multigeneracional, el revolucionario cultural desencadena los acontecimientos mediante interjecciones extrañas y confusas.

En El Cairo, en 1904, la luna de miel de una joven pareja británica dio un giro inesperado cuando Rose Edith Crowley, embelesada, ordenó a su nuevo marido, Aleister Crowley, que se sentara ante su escritorio el 8 de abril a mediodía y escribiera lo que oyera. El recién casado obedeció y, puntualmente a mediodía, una voz comenzó a dictarle lo que se conocería como *Liber Al vel Legis* o *El libro de la ley*, texto central de la corriente mágica de Thelema. En su obra *The Equinox of the Gods*, de 1936, Crowley narró con detalle su encuentro con la voz, afirmando: "La voz de Aiwass vino aparentemente por encima de mi hombro izquierdo, desde la esquina más alejada de la habitación"[11]. Si se interpreta esta experiencia desde una perspectiva folclórica, la procedencia de la voz por encima del hombro izquierdo resulta un detalle intrigante. La izquierda, llamada también siniestra, se asocia tradicionalmente con el mal o el caos. Aunque se trata de una analogía simplista, la metáfora del diablo en el hombro susurrando tentaciones encuentra aquí un contexto. Este es el origen de la superstición de arrojar sal por encima del hombro izquierdo. Se cree que derramar sal trae mala suerte, y arrojarla sobre el hombro izquierdo ciega al diablo para que no sepa sobre quién descargarla. En el relato de Crowley, la voz proviene de la esquina de la habitación, un punto de intersección y lugar habitual de entrada de espíritus.

> Tuve la fuerte impresión de que el orador se encontraba realmente en el rincón donde parecía estar, materializado en una suerte de "materia fina", tan transparente como un velo de gasa o una nube de incienso. Se percibía como un hombre alto y oscuro, de unos treinta años, elegantemente vestido, ágil y fuerte, con rasgos faciales que recordaban a un rey salvaje y unos ojos velados, como para evitar que su mirada destruyera aquello que contemplaba. Su vestimenta, aunque no era árabe, evocaba vagamente a Asiria o Persia. Presté poca atención a los detalles de su atuendo, ya que, para mí, Aiwass era en ese momento un "ángel", similar a los que había vislumbrado con frecuencia en visiones, un ser puramente astral[12].

Al leer la descripción de Aiwass apareciendo como humo, vestido con ropas orientales y con una presencia real, podría pensarse que Crowley se encontró con un rey djinn, lo cual sería totalmente apropiado, dado el escenario. Ciertamente, los residentes locales de El Cairo verían la aparición como tal. Crowley continúa describiendo a Aiwass como su santo ángel guardián personal, un *daimon* que él creía que era un "individuo objetivo" y no una "abstracción" de sí mismo.

> Ahora me inclino a creer que Aiwass no solo es el dios que antaño se consideraba sagrado en Sumeria y mi propio ángel de la guarda, sino también un hombre como yo, en la medida en que utiliza un cuerpo humano para establecer su vínculo mágico con la humanidad, a la que ama. Por lo tanto, es un ipsissimus, la cabeza de la A∴A∴ [Astrum Argentum, sociedad esotérica][13].

En *Magick in Theory and Practice*, Crowley se muestra decidido a identificar a Aiwass con figuras como "el diablo", "Lucifer" y "Satán", cuyo emblema es la cabra hermafrodita Baphomet[14]. Si bien esta historia es notable en sí misma, el objetivo del presente capítulo es analizar al embaucador como una fuerza cultural y agente de cambio. Crowley ejerció una influencia considerable en el ámbito de las artes, como lo demuestran su aparición en la portada del álbum *Sgt. Pepper's Lonely Hearts Club Band* de los Beatles en 1967 y la adquisición de su antigua residencia, la casa Boleskine, en el lago Ness, por parte de Jimmy Page. En mi opinión, es posible establecer una conexión directa de influencia desde el primer contacto con Aiwass hasta la conquista del espacio, a través de la figura de Jack Parsons, mago, ingeniero aeroespacial y seguidor de Crowley.

Parsons fue miembro fundador del *Jet Propulsion Laboratory* (JPL, Laboratorio de propulsión a chorro) el cual fue transferido a la NASA en 1958. Si bien se ha escrito extensamente sobre su trabajo con Babalon, el cual consistió en una serie de prácticas mágicas destinadas a manifestar una encarnación de este arquetipo divino femenino, lo verdaderamente destacable es su reconocimiento como una de las figuras más influyentes en la historia de los vuelos espaciales. Sus creencias ocultistas desempeñaron un papel fundamental en sus ambiciones científicas y solía recitar con fervor el "himno a Pan", de Crowley, durante las pruebas aeroespaciales. La invención y subsiguiente desarrollo de la tecnología de las aeronaves transformaron irrevocablemente el destino de la humanidad.

La presencia del revolucionario cultural se encuentra también en los avances tecnológicos del siglo xx. En 1965, el padre de la bomba atómica, J. Robert Oppenheimer, reflexionaba en la televisión estadounidense sobre el éxito de la primera prueba de este armamento en Trinity, Nuevo México:

> Sabíamos que el mundo no sería el mismo. Algunas personas rieron, otras lloraron. La mayoría guardó silencio. Recordé la línea de la escritura hindú, el *Bhagavad-Gītā*; Vishnu está intentando persuadir al príncipe de que debe cumplir con su deber y, para impresionarlo, adopta su forma de múltiples brazos y dice: "Ahora me he convertido en la muerte, la destructora de mundos". Supongo que todos pensamos eso, de un modo u otro[15].

La conversación a la que Oppenheimer se refiere es entre el príncipe Arjuna y su cochero, el señor Krishna (un avatar de Vishnu y el dios supremo en sí mismo). La determinación de Arjuna flaquea en la batalla de Kurukshetra cuando se enfrenta a la masacre que se avecina. Krishna tranquiliza al príncipe, revelándole el significado de su *dharma*, su deber como guerrero, y la información de que sus enemigos ya están destruidos independientemente de las elecciones de Arjuna. La palabra krishna puede significar negro, moreno o azul, y por lo tanto a menudo se representa al dios con piel azul. Él es el arquetipo del pícaro embaucador. Como un libidinoso dios infantil, seduce a las chicas del pueblo y roba cuajada y mantequilla. Bromea y baila con las *gopis*, las lecheras, enloqueciéndolas de amor. La poetisa Mirabai, devota de Krishna, describe su efecto en el poema "O I Saw Witchcraft Tonight" *(Oh, he visto brujería esta noche)*[16]:

Oh, he visto brujería esta noche
en la región de Braj.
Una lechera, llevando
un cántaro sobre su cabeza,
se encontró cara a cara con el Oscuro.
Mi amiga está balbuceando,
ya no puede ni decir "suero de leche".
¡Ven a buscar al Oscuro, al Oscuro!
¡Un cántaro lleno de shyam*!*
En los senderos cubiertos de vegetación
del bosque de Vrindavan
el Encantador de Corazones fijó
su mirada en esta chica
y luego se marchó.
El señor de Mira es ardiente, hermoso
y oscuro,
esta noche ella ha visto brujería
en Braj.

Hay otra historia de Krishna, sobre su infancia, que involucra a su madre, Yashoda. Cuando le informaron de que habían visto a su hijo comiendo tierra, ella lo reprendió y le preguntó por qué había hecho tal cosa. Krishna negó la acusación y, ante la insistencia de Yashoda, abrió la boca para demostrarle su inocencia. Para asombro de Yashoda, dentro de la boca de su hijo pudo ver las estrellas, los planetas y el universo entero. Toda la existencia cósmica, tanto la divina como la mundana, estaba contenida en esa pequeña cavidad. Sin duda, el enfado de Yashoda se disipó al presenciar esa maravilla.

La tecnología atómica, al igual que la entidad que se describe en este libro, va más allá de lo moral. No es intrínsecamente maligna. Más bien, el problema radica en su utilización. ¿Deberíamos atribuir nuestros delitos al diablo? Tal pensamiento nos exime de la responsabilidad de nuestros propios actos o, más precisamente, de los actos de quienes nos gobiernan. En cualquier caso, nuestra capacidad para desarrollar maravillas tecnológicas demuestra una paradoja: cuanto más avanzamos, más peligro representamos para nosotros mismos y para el planeta.

Revisar la historia del nacimiento de Oisín a través del prisma del embaucador y revolucionario cultural revela una nueva faceta de las supuestas motivaciones de Fear Dubh. Mediante sus acciones, Fionn y Sadhbh conciben al poeta Oisín, quien regresa al país de las hadas y desemboca en la época de san Patricio. En sus debates con el santo, Oisín demuestra su valía y desafía el dogma patricio. En los escritos monásticos, el Hombre Oscuro se inserta en uno de los grandes mitos irlandeses, donde lo reconocemos siglos después. No es el protagonista de la historia; es la figura oscura y misteriosa en segundo plano, manipulando nuestros hilos como un titiritero...

Bailamos
...y él se ríe.
Y, a veces, perdemos a nuestros hijos.

6
El vientre oscuro y la renaturalización del alma

La primera historia representa una lucha entre dos pueblos que han elegido dos formas diferentes de ser en el mundo. Los Fomorianos han optado por moldear la naturaleza a su medida. Sometiéndose a ella, los Tuatha Dé Danann han elegido dejar que la naturaleza los moldee a su imagen. Nuestra forma de ser ahora es completamente fomoriana. No está funcionando, o más bien ha demostrado ser totalmente desastrosa; por eso es que volvemos atrás, a través de nueve olas y, con la esperanza de ser más sabios ahora, regresamos a una experiencia alternativa de nosotros mismos en un mundo experimentado de otra manera.

JOHN MORIARTY SOBRE *LEBOR GABÁLA*
(EL LIBRO DE LAS INVASIONES)

Nuestros primeros templos fueron cuevas, tumbas profundas dentro de la tierra. En ellas, nuestros antepasados vivieron y murieron. Impulsados por la creatividad, se adentraron en los oscuros túneles del inframundo para pintar escenas de caza y dejar las huellas de sus manos en las paredes, como si quisieran decir: "Estoy vivo". Entre estas escenas, aparecen representados otros seres: mitad humanos, mitad animales, criaturas con cuernos y astas. Estas figuras teriomorfas adornan cuevas de todo el mundo.

La cueva de Trois-Frères, en Ariège, al sudoeste de Francia, alberga una de las piezas más destacadas del arte rupestre: una figura denominada *Sorcerer* (hechicero en francés) datada aproximadamente en el año 13 000 a.C. Se ha interpretado que el ser, una figura compuesta, tiene cuernos, patas de oso y ojos de búho. Henri Breuil, sacerdote católico francés, arqueólogo, antropólogo y geólogo que estudio el arte rupestre y realizó bocetos del Sorcerer (publicados en la década de 1920), teorizó que la figura representaba a un chamán. Por su parte, la escritora Margaret Murray sugirió que se trataba de "la primera representación de una deidad en la Tierra"[1]. Sin embargo, fotografías más recientes no han corroborado todos los detalles señalados por Breuil, lo que ha llevado a algunos expertos a cuestionar si el investigador interpretó erróneamente las irregularidades naturales de la pared de la cueva como parte de la obra original. El prehistoriador Jean Clottes, en cambio, defendió la exactitud del dibujo de Breuil:

> El dibujo realizado por Breuil es una representación fiel y ampliamente aceptada por la comunidad especializada de la figura conocida como el Hechicero de la cueva. Tras numerosas visitas a lo largo de los años, puedo corroborar personalmente su excelente estado de conservación y autenticidad[2].

En la cueva de Gabillou, en Dordoña, Francia, se han encontrado más de doscientos grabados, principalmente de animales. Uno de ellos llama particularmente la atención; conocido como El brujo, representa una figura cornuda, con cabeza de animal, barba y las patas traseras dobladas y terminadas en una especie de pie, de manera que pareciera un ser humano. Margaret Murray sugirió que estas antiguas obras podrían estar conectadas con creencias posteriores en dioses cornudos como los Cernunnos de los celtas o el cazador astado Herne de los británicos. Sin embargo, esta conexión se pierde en la niebla del tiempo y no podemos afirmarla con certeza. Lo que sí parece evidente es que este arte sugiere que un poder trascendente ha acompañado a la humanidad

El vientre oscuro y la renaturalización del alma ◊ 71

desde tiempos inmemoriales, demandando expresión. La cueva era, indudablemente, un espacio sagrado para nuestros antepasados, quizá concebida como una entrada al inframundo o a la morada de los muertos. Y el Hombre Oscuro, representado a menudo con cuernos y pezuñas, ha acechado desde las sombras, susurrando a sus vástagos.

Los descendientes europeos de estos artistas rupestres replicaron la cueva en sus tumbas. Las tumbas más notables de Irlanda se encuentran en Newgrange, Knowth y Dowth, en el valle del Boyne. En el solsticio de invierno, el sol naciente penetra en la cámara de Newgrange y, al atardecer, hace lo mismo en la de Dowth. El falo solar entra en la vulva de la tierra, fecundándola para que la vida comience de nuevo después de la muerte del punto más bajo del invierno. Para los irlandeses precristianos, Irlanda era una diosa viviente encarnada en el paisaje; sus valles y cuevas eran su vulva.

Fig. 5. Boceto del Hechicero, de Henri Breuil
Wikimedia Commons

El ejemplo más evidente de esta encarnación de la tierra son las Paps of Anu, un par de montañas en forma de senos en el condado de Kerry. En el cristianismo, el nacimiento virginal de un dios célibe separó la cópula de la sexualidad femenina en particular, desplazándola de su lugar legítimo de veneración a un lugar de repulsión y miedo. Esta tragedia condujo a la desacralización de la tierra, lo cual, combinado con el monoteísmo y la demonización del Hombre Oscuro, resultó catastrófico. Los seres humanos nos hemos distanciado de la naturaleza y, como los fomorianos, nos arrogamos el derecho de moldearla a nuestro antojo. Así, la cueva-vulva antes fuente de asombro y umbral de la creación, fue transformada en la boca del infierno, un lugar de corrupción y peligro espiritual. La naturaleza, antes sagrada, se ha convertido en nuestra subordinada, y su alma es demonizada. Peor aún, hemos amoldado nuestros cuerpos al vacío artificio de la tecnología, mientras la modernidad nos despoja de significado. Nuestras espaldas, encorvadas por la oficina, y nuestros hombros, redondeados, dan testimonio de ello. Antes observábamos el vuelo de las aves migratorias en busca de augurios; ahora, miramos las tendencias de las redes sociales, que no nos nutren. Los ojos que antes oteaban el horizonte del mar ya no se elevan más allá de la pantalla del teléfono. Hemos abandonado por completo el mundo natural.

La cueva como vulva sugiere un vientre en su interior, repleto de aguas vivificantes. El pozo de Connla, la fuente sobrenatural de los ríos irlandeses, está rodeado por nueve avellanos, la misma madera mágica con la que Fear Dubh creó su varita. Este pozo representa un útero primordial, oscuro y profundo, manantial de vida e inspiración. Es un útero creador y destructor. Es la fuente del gran río Shannon de Irlanda y del río Boyne.

> Existe un mito singular que, qunque pretende explicar el origen del nombre del río Shannon, expresa la profunda veneración de los celtas por la poesía y la ciencia, al tiempo que advierte sobre los peligros inherentes a su búsqueda. Se dice que la diosa Sinend, hija de Lodan, descendiente de Lir, se aventuró hasta el pozo de Connla, un lugar mítico situado bajo el mar, en el país de la juventud y las hadas.

"En ese pozo", cuenta la tradición barda, "crecen los avellanos de la sabiduría y la inspiración, de donde brotan continuamente frutos, flores y follaje que caen sobre el agua, formando una espuma púrpura". Sin embargo, al acercarse a este lugar sagrado, Sinend cometió un error (la narración no especifica cuál) y fue arrastrada por las furiosas aguas hasta las orillas del Shannon, donde encontró la muerte, dando así nombre al río. Este mito de los avellanos de la inspiración y el conocimiento, asociados al agua de manantial, es recurrente en la mitología irlandesa. El poeta irlandés G. W. Russell ha plasmado de manera exquisita esta imagen en sus versos...

Y cuando el sol se esconde y el púrpura llena el aire,
pienso que el sagrado avellano derrama allí sus bayas,
de estrellados frutos, agitados donde el pozo de Connla rebosa;
pues ciertamente, las aguas inmortales corren en cada viento que sopla[3].

De manera similar, el río Boyne lleva el nombre de la diosa Boann, quien se acercó al pozo y lo rodeó en sentido contrario a las agujas del reloj, a pesar de las advertencias de su esposo, Nechtan. Las aguas del pozo subieron y arrastraron a la diosa, arrancándole un ojo, un brazo y una pierna antes de que sucumbiera a las aguas. El río Boyne se creó en este proceso, tal como se describe en *The Metrical Dindshenchas*:

Por lo tanto, ninguno de ellos se atrevió a acercarse a él,
excepto Nechtain y sus portadores de copas:
Flesc, Lam y Luam, famosos por su brillante hazaña.

Un día, la blanca Boand
(elevada por su noble orgullo),
se acercó al pozo inagotable para probar su poder.
Con descuido, caminó tres veces alrededor del pozo,
del cual brotaron tres olas
que sellarían el destino de Boand.

> *Cada ola cercenó una parte de ella,*
> *desfigurando a la mujer de suave floración:*
> *una, su pie; otra, su perfecto ojo; y*
> *la tercera, una mano.*
>
> *Huyendo de su mancha, corrió hacia el mar*
> *(era su mejor opción),*
> *para que nadie pudiera ver su mutilación;*
> *sobre sí misma cayó su reproche.*
>
> *Por cada camino que la mujer tomó,*
> *el agua fría y blanca la siguió*
> *desde el Sid hasta el mar, sin flaquear,*
> *y por eso se la llamó Boand*[4].

Los destinos de las dos diosas que dieron sus nombres a los grandes ríos sirven como advertencia sobre la búsqueda del conocimiento. Acercarse al pozo sobrenatural y aprender sus secretos sin los guías necesarios es buscar la perdición, incluso para una diosa. El pozo está bajo la protección de la magia oscura.

> *El pozo de Connla, de poderoso sonido,*
> *se hallaba bajo el océano de falda azul.*
> *Seis corrientes, desiguales en fama, surgían de él,*
> *y la séptima era el río Sinann.*
>
> *Los nueve avellanos del sabio Crimall*
> *vertían sus frutos en las profundidades del pozo.*
> *Estos frutos se hallaban bajo el influjo de hechizos mágicos,*
> *sumergidos en una oscura niebla de brujería*[5].

De cada avellano caía una nuez al agua a causa del viento. Envuelta en una cáscara dura, cada nuez contenía una porción del conocimiento del mundo. En el pozo de Connla habitaba un salmón que devoraba una avellana de cada árbol. El conocimiento que contenía se incorporaba a la carne del salmón, transformándolo en el salmón del conocimiento, la encarnación misma de toda gnosis.

> *En sus espinas guardaba las canciones del mundo.*
> *En su carne rosada, el conocimiento del átomo y del arconte.*
> *En sus escamas brillantes, el mapa del universo.*
> *Entre sus espinas dorsales, el coseno y el seno.*
>
> *En su corazón, las artes del amor y la guerra.*
> *En sus ojos, el nacimiento y la muerte del mundo.*
> *En su cola, el ingenio del poeta y la habilidad del rimador.*
> *Entre sus branquias fluían el tiempo y el sueño.*

El salmón viajó a través de las aguas del otro mundo hasta Irlanda, su forma perfecta deslizándose entre los mundos. Tuan mac Cairill llegó a la isla antes del diluvio, conservando los recuerdos de sus siglos de vidas oníricas como animales tótem irlandeses. Encarnado en un salmón, fue devorado por la reina del Ulster, quien quedó embarazada y dio a luz al Tuan humano.

Como el Hechicero de la cueva francesa, es un ser compuesto de aleta, ala, colmillo y cornamenta.

> Había sido hombre, ciervo, jabalí, pájaro y ahora era pez. En cada transformación había experimentado alegría y plenitud vital. Sin embargo, en el agua la alegría era más profunda, la vida latía con mayor intensidad. Pues en la tierra o en el aire siempre había algo que obstaculizaba. El cuerpo terrestre tenía extremidades que recoger para dormir y desplegar para caminar; el ave, alas que plegar, alimentar y proteger. Pero el pez poseía una unidad indivisa desde la cabeza hasta la cola. Estaba completo, solitario y libre de cargas[6].

La historia de Tuan es significativa porque representa la restauración de una relación adecuada con un cosmos vivo, al superar nuestra separación de él y trascender la dualidad. Su espíritu experimenta Irlanda en múltiples formas animales antes de nacer en el seno del océano y, posteriormente, ser concebido en el vientre de una mujer. Es un recordatorio de nuestro verdadero ser y de la naturaleza de nuestra experiencia. El geógrafo y arqueólogo británico Michael Dames, en su obra *Mythic Ireland*, reflexiona sobre Tuan:

> Solo al empatizar con las especies consideradas "inferiores" y al experimentar una metamorfosis en ellas, la humanidad puede aspirar a resurgir de la muerte espiritual, moral y física[7].

Este contexto resulta fundamental si consideramos los relatos de aquellas brujas que podían cambiar de forma. ¿Acaso el adoptar la forma de otro ser vivo, ya sea en visión o de cualquier otro modo, servía para transformar su percepción, en un intento por igualarse con el mundo animal en lugar de dominarlo? Al igual que el cuerpo compuesto del Hechicero de la cueva y los cambios de forma del Hombre Oscuro, esta práctica parece negar implícitamente la separación entre el ser humano y la naturaleza. Se opone frontalmente a la dicotomía cristiana que establece una clara separación entre ambos.

Al igual que los Tuatha Dé Danann se mimetizaban con el mundo natural, la sabiduría y la inspiración del otro mundo se encarnaban en la forma del salmón. Como la *vesica piscis*, el salmón del conocimiento, joya curvada y viviente, abandonó las aguas místicas del pozo de Connla para dirigirse al río Boyne, donde estaba predestinado que el poeta Finegas lo capturara. Finegas iba acompañado de un joven a su servicio: el futuro Fionn mac Cumhaill, quien, para ocultarse de sus enemigos, se hacía llamar Deimne. Finegas capturó el pez divino y se lo entregó a Fionn con la estricta instrucción de no probar su carne. A su regreso, el poeta preguntó al joven si había obedecido la orden. Fionn, avergonzado, confesó haber tocado accidentalmente el pescado mientras se asaba y haberse quemado el pulgar, el cual llevó a su boca para aliviar el dolor. Al oír esto, Finegas reveló a Fionn toda la profecía de la captura del pez: lo pescaría pero no se lo comería, y llamó al joven por su verdadero nombre.

"Te fue dado", respondió Finegas. "Fionn, hijo de Uail, hijo de Baiscne, y a él le será dado".

"Te daré la mitad del pescado", dijo Fionn.

"No comeré un trozo de su piel, aunque que sea tan pequeño como la punta de su espina más pequeña", dijo el bardo, resuelto y tembloroso. "Vamos, come ahora el pescado. Yo te observaré y alabaré a los dioses del inframundo y de los elementos"[8].

Finegas nos revela la naturaleza del conocimiento contenido en el pez divino y la verdadera esencia del pozo de Connla.

Fionn consumió entonces el salmón del conocimiento y, cuando finalmente terminó de comerlo, una gran alegría, tranquilidad y exuberancia inundaron al poeta.

"Ah", dijo, "tuve un gran combate con ese pez".

"¿Luchó por su vida el pez?", preguntó Fionn.

"Sí, pero no era ese el combate al que me refería"[9].

La lucha era su batalla interna para cumplir su destino y no comerse el pez, que contenía el conocimiento y la inspiración que tanto deseaba. Esta lucha representa un profundo desafío, pero el dominio de sí mismo prevalece y el pez es entregado a Fionn, cumpliéndose así la profecía.

El folclor nos ayuda a comprender y cartografiar ese **otro paisaje**, el paisaje del otro mundo que se entrecruza con nuestros sueños. Es crucial para comprender nuestro lugar en el paisaje espiritual del planeta. El Hombre Oscuro nos guía a través de la cueva hacia el interior del vientre oscuro. Una vez que te ha tocado en el hombro, es solo cuestión de tiempo que te sitúes al borde del frío horno de la creación, del agua fecunda del vientre oscuro. La bruja hereditaria Shullie H. Porter, cuya entrevista se transcribe en la segunda parte de este libro, describe la visita al vientre:

He vuelto a contraer "la Crona", solo que esta vez peor... y tenía mucha fiebre. Me dejó por los suelos. Mientras yacía en la cama, sintiéndome muy enferma y lamentándome por mi estado, la atmósfera de la habitación cambió y sentí que mi corazón se detenía. Se detuvo. No había pulso, ni sonido alguno, ni una gran explosión; simplemente se detuvo y todo quedó inmóvil. Me quedé allí y pensé: "Oh, así que estoy muerta...". Así de simple.

Entonces fue cuando apareció nuestro Hombre Oscuro. Lo miré y le dije: "¿Así que estoy muerta?". Me preguntó si importaba. Le dije: "Sí, en realidad no quiero irme todavía". Estaba tan tranquila, muy tranquila. Me sentía como cuando me ahogué hace años, o como cuando él vino a verme cuando me estalló la arteria femoral. La primera vez abrió la puerta y me fui al desierto con él. Fue así, tan pacífico y tranquilo. No tuve ningún reparo porque en ese momento, en ese instante de tiempo, realmente pensé que estaba muerta de verdad.

Cuando le dije que aún no quería irme, asintió con la cabeza y no dijo nada más. Se agachó y, con sus grandes brazos, como un ala, me levantó, como a una niña. Me llevó a la cueva de la que te he hablado y a la poza de roca negra sin fondo que hay allí. Le dije, mientras la miraba, que tenía miedo de hundirme si me metía, ya que, "no tiene fondo, tal como dice su nombre". Esto le causó gracia. El agua era de color negro oscuro, como el de un agujero negro, pero con un matiz verde, como si una luz verde subiera desde abajo. A pesar de cierta reticencia, me introdujo en ella con suavidad y cuidado; el agua me envolvió, pero floté y no me hundí, para mi alivio. Me dijo que me durmiera, mientras me dejaba llevar en medio de aquel estanque que ahora me parecía inmenso, tan grande como un océano, en vez de un estanque en una cueva. Empecé a flotar hacia el "sueño". Después de lo que me pareció una eternidad, empecé a oír el bombeo de mi sangre, aunque mi corazón seguía en silencio. La sangre empezó a hacer ese sonido silbante que hace y recuerdo que me sorprendí y, de repente, oí que mi corazón empezaba a latir de nuevo, muy, muy fuerte, como si resonara en la cueva. Me desperté. Estaba, *como puedes imaginarte, sorprendida de estar en mi cama y cubierta de sudor. Ah, y extremadamente sedienta. La fiebre no había bajado tanto, pero sabía que ya había pasado lo peor.*

Yo también he estado en el vientre oscuro durante la meditación. El vientre te revelará lo que necesites. Forma parte del vacío y también del lugar de la creación. Al igual que el Hombre Oscuro, guardián de sus misterios, se te aparecerá como un reflejo de tu corazón. No sé qué es realmente este lugar, ni quién es exactamente el Hombre Oscuro. Solo conozco mi experiencia y lo que me mostró. Como describió Shullie, era infinito pero, al mismo tiempo, limitado como una poza. Frío, pero indulgente; quieto, pero incesante; un océano amniótico desde los albores de la Tierra. De esta agua sagrada, el salmón del conocimiento nadó hasta el río Boyne.

Como Tuan, todos hemos sido alguna vez ciervo, jabalí, halcón y salmón. El Hombre Oscuro nos revela que la dualidad es una ilusión y que no existe separación entre nosotros y la naturaleza. El paisaje del otro mundo es el paisaje entero; para vislumbrarlo debemos volver a ser salvajes. John Moriarty narró una vez cómo vio a una liebre huir a toda prisa frente a él mientras caminaba por la ciénaga. La liebre había dejado la huella de su cuerpo en el brezo, donde había estado descansando. Moriarty se dejó caer y apoyó la cabeza en esa huella, aún caliente por el cuerpo de la liebre y llena de su olor. Tumbado allí, imploró a la liebre y a las hierbas silvestres que extrajeran de él, como una cataplasma, todo el conocimiento y la inteligencia europeos. Hundió la cabeza en esa forma, como en un vientre, pero esta vez un vientre en donde las cosas no se hacen, se deshacen para poder renaturalizarse a sí mismo y alcanzar una forma tan libre de ataduras como la del salmón.

Recojámonos y apoyemos nuestras cabezas en el lecho del conejo.
Limpiemos hasta los huesos al salmón.
Veamos con nuevos ojos el otro paisaje que nos rodea.

> *Despertemos al ciervo, al jabalí, al halcón y al salmón*
> *que llevamos dentro.*
> *Que nuestros dioses y diosas consuman su pasión.*
> *Que el Oscuro nos guíe en la danza de las encrucijadas.*
> *Que él encienda el fuego en nuestra sangre.*
> *Seamos salvajes una vez más y cantemos.*

Como brujas y narradores de historias, los espíritus salvajes nos llaman e inician el proceso de renaturalización de nuestras almas. Nos corresponde a nosotros concluirlo, dejar nuestra huella en la pared de la cueva y afirmar:

No solo existo. No soy un ser hueco.

Yo

estoy

vivo.

7
Confesiones de brujos

Había una mujer anciana que vivía en el bosque,
Weila Weila Waile.
Había una mujer anciana que vivía en el bosque,
junto al río Saile.

"Weila Waile" por The Dubliners

Al igual que los *djinn* y las hadas, la cultura popular estadounidense moderna ha desvirtuado en gran medida el significado de ser brujo y practicar la brujería. Leannán Sídhe se transformó en Campanita; Ifrit, en el genio cantor de Aladino. De igual modo, se ha desinfectado a los brujos. Existían razones sólidas para temer a los brujos. Eran, en esencia, el "otro": seres salvajes, peligrosos, con fuego en la sangre. Además, servían de intermediarios entre las fuerzas sobrenaturales que amenazaban a las comunidades rurales. El brujo o la bruja podía tanto expulsar la maldad de las hadas como ser el vehículo para transmitirla. Romantizar la vida rural de los campesinos británicos e irlandeses de la temprana edad moderna es un engaño. La vida agrícola de subsistencia era brutal, un constante equilibrio precario entre la servidumbre y la inanición. Estas comunidades rezaban a Dios por la salvación y al diablo por la supervivencia. La muerte o enfermedad de un miembro clave de la familia podía condenar a los supervivientes a la miseria y la muerte. En este contexto de desesperación, el Hombre Oscuro o sus emisarios solían aparecer con la oferta de un trato.

La mediación con las fuerzas del caos no está exenta de peligros ni consecuencias. En la Gran Bretaña de los siglos XVI y XVII, las estructuras sociorreligiosas dominantes emprendieron una persecución sistemática contra los brujos, considerándolos una amenaza para el orden establecido. Se estima que en Escocia, unas 1 500 personas, en su mayoría mujeres, fueron estranguladas y quemadas por brujería[1]. Muchas más fueron juzgadas. Los registros de estos juicios, tanto en Escocia como en Inglaterra, nos ofrecen una valiosa ventana a las creencias y prácticas de aquellos tiempos. Sin embargo, esta fuente histórica presenta sus propias limitaciones, como señala Peter Grey en *Apocalyptic Witchcraft*: "la mayor parte de nuestra historia ha sido relatada por nuestros enemigos"[2].

Lo mismo ocurre con nuestro folclor. Nuestras historias están repletas de victorias simbólicas de la Iglesia sobre el mundo de las hadas. Desde las campanadas de las iglesias que ahuyentan a las hadas, hasta el Padrenuestro que contrarresta sus actos malvados. Las confesiones extraídas de los brujos son respuestas a preguntas formuladas desde una perspectiva cristiana y se registran como tales. Es preciso reconocer este marco cristiano al leer las palabras que se les atribuyen. Dicho esto, los patrones del Hombre Oscuro identificados en el folclor están muy presentes en los materiales de confesión. Si no fuera por su coherencia, las confesiones de las brujas podrían descartarse como palabras de mujeres desesperadas que dicen a sus inquisidores lo que quieren oír. Hay relatos en toda Gran Bretaña, desde Somerset hasta Escocia, que coinciden tanto con el folclor como con la experiencia de los brujos modernos.

El *Survey of Scottish Witchcraft*[3] (Encuesta de Brujería Escocesa) constituye un recurso magnífico para el estudio de la brujería y la caza de brujas en la región. Esta base de datos abarca a unos 4 000 individuos acusados de brujería en la Escocia temprana. Para cada uno se detallan el lugar y la fecha de la acusación, el proceso judicial al que fueron sometidos, sus testimonios y su destino final. Si bien el Hombre Oscuro no es una figura universalmente presente en estos registros, decenas de relatos aluden a una entidad que concuerda con su descripción. Una vez más surge un patrón.

Margaret Alexander, juzgada en 1647, se refirió a un hombre vestido de negro que "la obligó a hacer cosas en su nombre". También mencionó a un hombre, al que identificó como el rey de las hadas, con quien sostuvo relaciones sexuales. Cuando se la presionó, lo describió como de naturaleza física fría. Se desconoce su destino[4]. Margaret Allan, juzgada en 1661, presentó el testimonio de un criado que afirmó haber visto a un hombre lóbrego entrar en la habitación de Margaret y moverse como si tuviera pezuñas. Como consecuencia, Margaret fue desterrada[5]. Thomas Black, juzgado en 1661, afirmó que el diablo se le apareció durante la noche mientras yacía en su cama. Prosiguió describiendo cómo el demonio se le había echado encima en forma humana. Black fue ejecutado por ahorcamiento y posteriormente quemado[6]. Agnes Clarkson, juzgada en 1649, relató cómo una densa niebla negra invadió su hogar cuando se negó inicialmente a pactar con el diablo. Al ser interrogada sobre cómo había renunciado a su bautismo, explicó que lo había hecho mediante relaciones carnales con el Hombre Oscuro. Se desconoce su destino final[7]. Margret Jackson, juzgada en 1677, describió al diablo como un hombre de negro con una banda azulada, puños blancos y piernas cubiertas. Iba descalzo y tenía los pies hendidos. Un espíritu, similar a su difunto esposo, la visitó en la cama. Más tarde, se percató de que se trataba del diablo[8]. Esta situación guarda similitudes con el engaño sufrido por Sadhbh a manos del Hombre Oscuro, quien se hizo pasar por Fionn. Margret fue ejecutada por estrangulamiento y quemada. La viuda Christian Patersone, juzgada en 1661, narró que el diablo se transformó de bestia en hombre para acostarse con ella. Relató detalladamente sus relaciones sexuales con él. Christian fue ejecutada por estrangulamiento y quemada[9].

Y, por supuesto, destaca el relato escocés más famoso de todos, el de Isobel Gowdie, datado en 1662. Su confesión, vívida y escalofriante, sorprende por su grado de detalle. El diablo la bautizó con la sangre que succionó de su "marca del diablo" para luego escupirla en su mano y rociar su cabeza con ella. Su naturaleza carnal, según describía, era gélida, como agua helada de manantial. Durante sus encuentros sexuales sentía un frío intenso. Confesó que el pene del diablo era muy grande y afirmó que las mujeres más jóvenes del aquelarre experimentaban mayor placer en sus relaciones con él que con sus maridos. Además, relató que el diablo las golpeaba en sus reuniones y que ellas nunca rechazaban sus insinuaciones.

La confesión de Isobel resulta asombrosa por sí sola, pero adquiere una dimensión aún más interesante cuando se la compara con el folclor británico e irlandés. Tomando las confesiones como fuentes primarias, me centraré en cinco áreas clave:

- La apariencia sombría y el apelativo
- La apariencia como un ser compuesto
- Los cambios de forma
- La naturaleza interceptora y embaucadora
- El sexo y el interés sexual en los seres humanos

La historiadora Emma Wilby nos ha brindado un valioso trabajo interdisciplinario sobre el caso de Isobel en su excelente libro *The Visions of Isobel Gowdie: Magic, Witchcraft and Dark Shamanism in Seventeenth-Century Scotland*. Incluye facsímiles de los registros originales del juicio, y es una tesis exhaustiva e imparcial sobre el tema.

Isobel confesó practicar la brujería en Auldearn, Escocia, en 1662, realizando cuatro confesiones en un periodo de seis semanas. Se desconoce qué sucedió con ella. El siguiente texto proviene de su primera confesión (siguiendo el trabajo de Emma Wilby, la ortografía y la puntuación son exactamente como se encuentran en los documentos. Las omisiones de taquigrafía se indican entre corchetes):

> *...as I wes goeing betuixt the townes of drumdewin and the headis: I met w[i]th the divell and ther coventanted in a maner w[i]th him, and I promeisit to meit him in the night tym in the kirk of aulderne q[uhi]lk I did: and the first thing I did ther th[a]t night I denyed my baptisme, and did put the on of my handis to the crowne of my head and the uth[e]r to the sole of my foot, and th[e]n renuncet all betwixt my two handis ower to the divell, he wes in the readeris dask and a blak book in his hand: margret brodie in aulderne held me vp to the divell to be baptized be him, and he marked me in the showlder, and suked*

owt my blood at that merk and spowted it in his hand, and sprinkling it on my head said I baptise the Janet in my awin name, and w[i]thin a q[uhi]ll we all remoowed...[10]*.

Isobel narra su encuentro con el diablo durante un viaje. Cabe destacar que su travesía es interrumpida por él en las afueras de la ciudad. La mujer es interceptada, al igual que el señor Kirwan por Finvarra y Jemmy Nowlan por el Jinete Oscuro. En su conversación, accede a encontrarse con él en la iglesia de Aulderne, donde es bautizada con sangre, renunciando así al cristianismo y entregándose a él.

...the nixt tym th[a]t I met w[i]th him ves in the new wardis of Inshoch, and haid carnall cowpula[tio]n & dealling w[i]th me, he wes a meikle blak roch man werie cold and I faund his nature als cold w[i]thin me as spring wall vater somtymes he haid buitis & somtymes shoes on his foot bot still his foot ar forked and cloven he vold be somtymes w[i]th ws lyk a dear or a rae...[11]†.

Isobel describe su siguiente encuentro con el diablo, al que denomina un "hombre grande, oscuro y rudo" (en el original, *meikle blak roch man*). A lo largo de las confesiones, se refiere a él indistintamente como el diablo y variantes de "gran hombre oscuro". En la tercera confesión,

---

*N. del T.: ...mientras caminaba entre las ciudades de Drumdewin y Headis, me encontré con el diablo y pacté con él. Prometí reunirme con él esa noche en la iglesia de Aulderne, y así lo hice. Lo primero que hice allí fue negar mi bautismo. Coloqué una mano sobre mi cabeza y la otra sobre la planta de mi pie, y luego renuncié a todo lo que estaba entre mis dos manos, entregándolo al diablo. Él estaba en el puesto del lector, con un libro negro en la mano. Margaret Brodie de Aulderne me presentó al diablo para que me bautizara. Él me marcó en el hombro, me chupó la sangre de esa marca y la escupió en su mano. Luego, rociándola sobre mi cabeza, dijo: "Te bautizo, Janet, en mi propio nombre". Poco después, nos fuimos...

†N. del T.: ...la siguiente vez que me encontré con él fue en los nuevos barrios de Inshoch, y tuvimos relaciones sexuales. Era un hombre grande, oscuro y rudo, muy frío al tacto, y yo sentía su frialdad dentro de mí como el agua de manantial en primavera. A veces llevaba botas y otras veces zapatos, pero sus pies siempre estaban hendidos y bifurcados. Otras veces, tomaba la forma de un ciervo...

los miembros del aquelarre lo llaman familiarmente *Blak Jon*. Las palabras negro y oscuro, utilizadas como adjetivos y como sustantivos, se convierten en un apelativo recurrente, al igual que términos como Fear Dorcha, Fear Dubh y Donn Dubh. Isobel afirma haber mantenido relaciones sexuales con él y sentir un intenso frío, que comparó con el agua de manantial. Además, describe su calzado, a veces botas, otras zapatos, y una peculiar característica: pies hendidos. Pero es en su siguiente afirmación donde reside el detalle más sorprendente. Isobel asegura que en ocasiones el diablo adoptaba la forma de un ciervo, revelando así su naturaleza cambiante y compuesta. Esta transformación establece un vínculo con las historias de Fear Dubh y Donn Dubh, donde aparecen mujeres que pueden adoptar la forma de ciervas. A primera vista, esta dualidad puede parecer contraria a la mitología tradicional; sin embargo, como señala Joshua Cutchin en *Ecology of Souls*:

> La inversión equivale a la representación en estas historias. Motivos aparentemente opuestos a menudo comparten una raíz común. Por ejemplo, en sus respectivas tradiciones, las hadas son seres que siempre se van y los extraterrestres seres que siempre llegan[12].

En la tercera confesión de Isobel hay más detalles sobre las relaciones sexuales:

> ...and ther haid carnall cowpula[tio]n w[i]th me, he wes a werie meikle blak roch man, he will lye als hewie wpon ws q[uhe]n he hes carnall dealling w[i]th us, als lyk an malt secke; his memberis ar exceiding great and long, no mans memberis ar so long and bigg as they ar: he wold be amongst us, lyke a weath horse amongst mearis he wold lye w[i]th ws in p[rese]nce of all the multitud, neither haid we nor he any kynd of shame, bot especiallie he hes no sham w[i]th him at all, he wold lye and haw carnall dealling w[i]th all enyie tym as he pleased, he wold haw carnall dealling w[i]th us in the shape of a deir or any uth[e]r shap th[a]t he wold be in, we wold never refuse him. he wold com to my hows top in the shape of a crow, or lyk a dear or in any uther

shap now and then, I wold ken his voice at the first heiring of it, and wold goe furth to him and hav carnall cowpula[tio]n w[i]th him... The yowngest and lustiest woomen will haw werie great pleasur in their carnall cowpula[tio]n w[i]th him, yea much mor th[a]n w[i]th their awin husbandis, and they will haw a exceiding great desyr of it w[i]th him, als much as he can haw to them & mor, and never think shame of it, he is able for ws th[a]t way th[a]n any man can be, (alace th[a]t I sould compare him to an man) onlie he ves heavie lyk a malt seck a hodg nature, verie cold as yce[13]*.

De nuevo, describe al Hombre Oscuro como un ser tan pesado como un saco de malta cuando yacía sobre las mujeres del aquelarre. Dice que su pene era inmenso y que copulaba con las brujas sin pudor alguno, yendo de una a otra como un semental entre yeguas, ante la mirada de todas. No solo adquiría forma humana, sino que también se transformaba en ciervo y otras criaturas para unirse a ellas. Isobel, por ejemplo, lo reconocía por su voz cuando la visitaba en forma de ciervo. En su tercera confesión, se ofrecen más detalles sobre sus diversas formas:

Somtym he vold be lyk a stirk, a bull, a deir, a rae, or a dowg etc and haw dealling w[i]tj ws[14]†.

---

*N. del T.: ...y tuvo relaciones sexuales conmigo. Era un hombre muy grande y oscuro. Cuando nos hacía el amor, se acostaba sobre nosotras tan pesado como un saco de malta. Sus genitales eran extremadamente grandes y largos; ningún otro hombre tenía genitales tan largos y grandes como los suyos. Era como un semental entre yeguas. Nos hacía el amor delante de todos, y ni nosotras ni él sentíamos vergüenza alguna. De hecho, él no tenía ninguna vergüenza. Nos hacía el amor cuando quería, en forma de ciervo o cualquier otra forma que eligiera. Nunca lo rechazábamos. Venía a mi casa en forma de cuervo, o de ciervo, o en cualquier otra forma. Reconocía su voz inmediatamente y salía a su encuentro para tener sexo con él. Las mujeres más jóvenes y vigorosas disfrutaban mucho de sus relaciones sexuales con él, incluso más que con sus propios maridos. Tenían un gran deseo por él, tanto como él podía tenerlo por ellas o más, y nunca lo consideraban vergonzoso. Era capaz de satisfacernos de esa manera más que cualquier hombre (si es que puedo compararlo con un hombre), excepto que era pesado como un saco de malta y muy frío, como el hielo...

†N. del T.: A veces aparecía como un novillo, un toro, un ciervo, una cierva, un perro o cualquier otro animal.

Las mujeres más jóvenes y lujuriosas del aquelarre disfrutaban más del sexo con el Hombre Oscuro que con sus propios maridos. La descripción de cómo las brujas disfrutaban de un placer arrollador con el Hombre Oscuro es similar a la lujuria y el amor abrumadores que Fionn sintió de inmediato por Sadhbh, que vino a él originalmente en forma de cierva. Esta unión entre lo salvaje y lo humano se vislumbra también en el matrimonio simbólico entre la muchacha y la cabra *puck* durante la feria de Puck en Irlanda. La descripción que ofrece Isobel del lascivo Hombre Oscuro podría confundirse con las representaciones más exultantes del dios Pan. Richard Payne Knight, en su *Discourse on the Worship of Priapus* (1786), vincula a Pan con la creación a través de la sexualidad. Considero que este aspecto es clave para comprender el misterio que rodea al Hombre Oscuro y sus encuentros con las brujas. El sexo experimentado por Isobel y su aquelarre constituye en sí mismo un rito en honor a la creación.

El libro *Dictionnaire Infernal,* de Jacques Collin de Plancy, es un compendio de demonios, organizado jerárquicamente según sus atributos y manifestaciones. Publicada por primera vez en 1818 y reeditado en 1863, esta obra incluye sesenta y nueve ilustraciones de demonios realizadas por Louis Le Breton. Una de las entradas más notables describe a Master Leonard, un ser compuesto, que cuenta con tres cuernos, orejas de zorro y barba de cabra. Esta figura demoniaca evoca al Hechicero de la cueva de Trois-Frères y preside el aquelarre en forma de cabra hasta la cintura.

> Leonard, demonio de primer orden, gran maestro de los aquelarres, jefe de los demonios subalternos e inspector general de la brujería, la magia negra y las brujas. A menudo se lo denomina *le Gran Negre* (el gran hombre negro)[15].

Otra fuente que aborda la figura de Master Leonard es *Dogme et Rituel de la Haute Magie Part II: The Ritual of Transcendental Magic* de Éliphas Lévi, publicado en 1896. Este texto presenta notables similitudes con los relatos de Isobel Gowdie.

A los aquelarres así concebidos deben atribuirse relatos como el de un macho cabrío que emerge de los cántaros para luego retornar a ellos al finalizar la ceremonia; polvos infernales elaborados a partir de los excrementos de este macho cabrío, al que denominan Master Leonard; banquetes donde se consumen abortos sin sal, hervidos junto a serpientes y sapos; danzas en las que participan animales monstruosos o seres humanos con formas imposibles; y desenfrenados actos en los que los íncubos proyectan un esperma gélido[16].

El patrón y los atributos del Hombre Oscuro presentan una similitud notable. Asimismo, el detalle del "esperma frío" es tan específico que resulta difícil concebir que Lévi y Gowdie no estén describiendo la misma entidad. ¿Podría el "esperma frío" atribuido a los íncubos explicar la sensación de frío, similar al agua de manantial, experimentada por las brujas durante sus encuentros con el Hombre Oscuro?

Isobel y el aquelarre perpetraban travesuras y maldades en nombre del diablo, actuando como agentes del embaucador: "*q[uhe]n ve goe to any hous we tak meat and drink, and we fill wp the barrellis w[i]th owr oven pish again*"[17]*. Isobel describe cómo recorrían las casas, comiendo y bebiendo hasta saciarse, para luego rellenar los barriles vacíos de cerveza con su propia orina.

> *...whan we tak away any cowes milk we pull the taw and twyn it & plaitt it the vrong way in the divellis name, and we draw the tedder (sua maid) in betuixt the coves hinder foot and owt betuixt the cowes forder foot, in the divellis namn and therby tak w[i]th ws the kowes milk, we tak sheips milk ewin so*[18]†.

---

*N. del T.: Cuando vamos a cualquier casa, comemos, bebemos y luego volvemos a llenar los barriles con nuestra propia orina.

†N. del T.: ...cuando queremos robar la leche de una vaca, tiramos de las ubres y las retorcemos en nombre del diablo. Luego, pasamos la cuerda (hecho así) entre la pata trasera de la vaca y la delantera, invocando al diablo. De esta manera, nos llevamos la leche de la vaca. Hacemos lo mismo con la leche de las ovejas.

Isobel describe cómo ella y los miembros de su aquelarre creaban una escalera mediante una cuerda hecha con el pelo de la vaca trenzado al revés en nombre del diablo, y la utilizaban para robar la leche de la vaca, y hacían lo mismo con las ovejas.

> q[uhe]n ve tak away the strenth of anie persones eall giwes it to an uth[e]t we tak a litle qwantitie owt of each barrell or stan (stand?) of & puts it in a stowp, in the divellis nam, and in his nam w[i]th owr awin handis putts it in amongst an uth(e)ris eall and giwes hir the strenth and substance & seall of hir neightbo[u]ris eall[19]*.

No solo sustituían la cerveza de sus vecinos por orina, sino que sustraían la "fuerza" de la bebida de una persona para dársela a otra: una acción sumamente imprudente en Escocia. Mucho más alarmante era el asesinato aleatorio de personas a manos del aquelarre mediante flechas élficas:

> we haw no bow to shoot w[i]th bot spang them from of the naillis of owr thowmbes: som tymes we will miss bot if they twitch be it beast or man or woman it will kill tho they had an Jack upon them[20]†*!*

Las brujas disparaban flechas bajo las órdenes del diablo, quien les indicaba que salieran a matar en su nombre. Las flechas surgían de los pulgares de las brujas y eran letales. Si alcanzaban su objetivo, mataban: bestias, hombres o mujeres. Ni siquiera la armadura protegía a las víctimas.

Isobel relata que en varias ocasiones cambiaba de forma a animales, como gatos, liebres o cuervos. Describe esta transformación, o *turnskin*, como algo instantáneo y sencillo:

---

*N. del T.: Cuando tomamos la fuerza de cualquier persona, se la damos a otra. Tomamos una pequeña cantidad de cada barril o recipiente y lo ponemos en un jarro, en nombre del diablo, y en su nombre, con nuestras propias manos, lo mezclamos con el de otros y se lo damos, dándole la fuerza y la sustancia a sus vecinos.

†N. del T.: No tenemos arco para disparar, sino que los arrojamos con la fuerza de nuestras uñas. A veces erramos, pero si tiemblan, sea bestia, hombre o mujer, los mataremos aunque lleven cota de malla.

Qwhen we goe in the shape of an haire, we say thryse ower I sall gow intill a haire w[i]th sorrow and syt and meikle caire, and I sall goe in the divellis nam ay whill I com hom (damaged—words missing) (in?) stantlie we start in an hair, and when we wold be owt of th[a]t shape we vill s... (damaged—words missing) caire, I am in an hairis liknes just now, bot I salbe in a womans liknes ew . . . (damaged— words missing) when we vold goe in the liknes of an cat: we say thryse ower I sall goe int(ill?) (damaged—words missing) shot, and I sall goe in the divellis nam, ay q[uhi]ll I com hom again:, & if ve (damaged—words missing) we say thryse ower I sall goe intill a craw w[i]th sorrow and syt & blak (damaged—words missing) ay q[uhi] ll I com home again: and q[uhe]n ve vold be owt of thes shapes, we say: catt cat (damaged—words missing) send the a blak shott or blak thraw: I wes a catt or crow just now, bot I salbe (damaged—words missing) catt: catt: or craw: craw: goe send the a blak shot or a blak thraw[21]*.

El tema del cambio de forma aparece repetidamente en el folclor a través de las variantes del Hombre Oscuro. La historia de Tuan mac Cairill y sus múltiples vidas como animal tótem en Irlanda nos revela la profundidad del concepto de cambio de forma. Esto significa que no estamos separados ni somos individuos aislados del mundo animal. La bruja tradicional también experimenta este cambio de forma. Es la naturaleza, la tierra misma, la que nos absorbe en su consciencia,

---

*N. del T.: Cuando nos convertimos en la forma de una liebre, decimos tres veces: 'Iré en una liebre con pena, dolor y gran aflicción, y me iré en el nombre del diablo hasta que regrese a casa (dañado — palabras faltantes)'. Instantáneamente nos convertimos en una liebre, y cuando queremos salir de esa forma, decimos (dañado — palabras faltantes) 'Estoy en forma de liebre ahora mismo, pero volveré a mi forma de mujer... (dañado — palabras faltantes)'. Cuando queremos tomar la forma de un gato, decimos tres veces: 'Iré en (dañado — palabras faltantes) disparo, y me iré en el nombre del diablo hasta que regrese a casa'. Y si (dañado — palabras faltantes), decimos tres veces: 'Iré en un cuervo con pena y dolor, y negro (dañado — palabras faltantes) hasta que regrese a casa'. Y cuando queremos salir de esas formas, decimos: 'gato, gato (dañado — palabras faltantes), te envío un disparo negro o un empuje negro: fui gato o cuervo hace un momento, pero seré (dañado — palabras faltantes) gato: gato: o cuervo: cuervo: ve y envíate un disparo negro o un empuje negro.

disolviéndonos en una forma animal. Robert Artisson, en *The Horn of Evenwood*, reflexiona sobre la naturaleza escurridiza del cambio de forma del Hombre Oscuro.

> El Padre de los Brujos ha existido a lo largo de todas las épocas de la historia humana, e incluso en las innumerables eras anteriores. Ha sido adorado como un Dios, temido como un demonio y buscado por sabios en miles de formas y disfraces. Sin embargo, no se le puede llamar dios, ángel, demonio, espíritu ni hombre. Claro que lo es, según a quién se pregunte, pero tampoco es nada de eso. Si intentas atraparlo, verás que resulta imposible.
>
> Esto se debe a que es un *turnskin*, un maestro del cambio de forma carente de una forma "nativa" que pueda atraparse. Su mayor habilidad reside en eludir cualquier tipo de red o trampa, incluso las más letales, escapando incluso de las trampas de la muerte y la mortalidad[22].

La naturaleza compuesta del Hombre Oscuro y el cambio de forma de los brujos apuntan al no dualismo y al rechazo de nuestra separación.

> Si te aferras a una identidad fija, puedes quedar atrapado. Te insta a mudar de piel, como la serpiente, el disfraz favorito del Padre de los Brujos, y deslizarte más allá de las trampas del engaño[23].

Lo que decidamos ser, en eso nos convertimos. Esa es la trampa. Al igual que el oro de las hadas se transforma en hojas muertas, nuestras palabras tejen ilusiones a nuestro alrededor que constriñen nuestra perspectiva y nuestro potencial. Tuan mac Cairill soñaba con una nueva forma cuando otra se extinguía. Cada forma sucumbía ante los dientes y las garras hasta que, como el salmón, cayó en la red, desencadenando los acontecimientos que lo devolverían a su forma humana. A diferencia de Tuan, el Hombre Oscuro no tiene forma, cambia constantemente y nunca puede ser atrapado.

PARTE II

◊ ◊ ◊

Testimonios de brujos

8
Elise Oursa, sangre y tinta

Elise Oursa es lectora de cartas, artista, bruja practicante y creadora de la baraja de tarot *Blood & Ink* (Sangre y tinta). Estoy muy orgulloso de llamarla mi amiga. Ha sido una inestimable colega y compañera de exploración en el mundo del Hombre Oscuro. Su brujería es en gran parte solitaria y basada en el espíritu y ha evolucionado a través de su experiencia como terapeuta. Su trabajo es guiado por Hécate, por su conexión con las corrientes *ctónicas* del paisaje británico y por una profunda reverencia por sus ancestros. Imparte clases de tarot y diseña rituales personalizados para facilitar la transformación y el empoderamiento.

Siento una especial afinidad por la historia de Elise, porque fue a través de nuestras conversaciones como salieron a la luz las investigaciones fundacionales del tema de este libro. Elise nunca había oído hablar de Fear Dubh ni del Mago Negro de los hombres de Dios. Sin embargo, el nombre de uno de los protagonistas de las historias explicadas en el capítulo dos se le repetía en sueños. Para mí fue entonces cuando el folclor y la brujería se entrelazaron irrevocablemente y el Hombre Oscuro pasó de ser un interesante tema folclórico a algo mucho más potente.

◆ ◆ ◆

Elise Oursa

Ya estaba involucrada en este proyecto antes de reconocer su verdadera naturaleza: un encuentro con un Hombre Oscuro. Fue en febrero de 2020 cuando decidí crear una baraja de tarot. Y desde

ROY DE PIQUE

Fig. 6. *Roi du Pique*, rey de espadas de la
baraja de tarot *Blood & Ink*
por Elise Oursa

el instante en que la pintura tocó el papel, me sentí invadida por una energía poderosa que fluía a través de mí. Era evidente que esta fuerza provenía de un lugar más allá de mi propio ser. La baraja de los arcanos mayores se materializó en un fin de semana, y los arcanos menores se completaron unas dos semanas después, con una rapidez sorprendente. Fue una experiencia abrumadora sentir una fuerza creativa fluir a través de mí, una energía que superaba con creces mi capacidad física. Algunas de las imágenes de la baraja son bastante sombrías, cargadas de oscuridad tanto personal como simbólica. Lejos de ser un trabajo new age, *se trata de una obra intensa que me atravesó profundamente. Al día siguiente de finalizarla, me encontraba física, emocional y mentalmente exhausta, producto de este arduo proceso creativo. Con frecuencia experimento sueños proféticos o, más bien, sueños en los que establezco contacto con espíritus. En estos sueños siento claramente la necesidad de sumergirme en ese espacio onírico para conectar con estas entidades. Pero esta vez tuve un sueño en particular; un hombre de aspecto oscuro se hallaba junto a mi cama. Me dijo: "Ahora que has finalizado este trabajo, este grimorio, debes ir a descubrir cómo utilizarlo". Asocié a ese hombre oscuro junto a la cama con tres de las cartas de la baraja en particular. Una, por supuesto, era el diablo. Otra era el rey de espadas. La imagen con la que representé al rey de espadas es la de un caballero muy apuesto con su abrigo, su sombrero y una especie de máscara de médico de la peste negra, que también podría ser un cuervo. Tengamos en cuenta que estas cartas se crearon justo antes de que comenzara la pandemia, es decir, literalmente una o dos semanas antes de que se iniciara el COVID. Así, creo que la imagen en sí misma era bastante profética de lo que estaba por llegar. Esa fue, pues, la primera interacción con esta figura. Y entonces empecé a trabajar con las cartas. Tenía todo ese arte y ese papel con los cuales trabajar, así que me puse manos a la obra con ellos en rituales y en visiones. En ese momento no tenía claro qué había querido decirme con que este trabajo era un "grimorio". No es que entonces me diera hechizos concretos o cosas así para añadirlos a mi trabajo. Fue más bien que se abrió una serie de conexiones y sincronicidades que empezaron a desplegarse y siguen desplegándose. Decidí entonces publicar la baraja de arcanos mayores, concibiéndola como un objeto mágico y talismánico. La puesta en marcha de este proyecto se extendió hasta el siguiente febrero, lo que representó casi un año de trabajo. Coincidiendo con la pandemia de COVID-19, las circunstancias mundiales ralentizaron el proceso. Sin embargo, fue precisamente al tomar la decisión de lanzar la baraja cuando la situación comenzó a cobrar un ritmo más acelerado.*

Uno de los acontecimientos más notables en este proceso fue que tuve otro sueño. Y en este sueño, en lugar del hombre oscuro apareció una mujer, igualmente oscura, de pie junto a mi cama. Tengo un recuerdo vívido de su vestimenta: llevaba un velo y un vestido que parecía tejido con plumas. Su aspecto me recordó a Cailleach o Morrigan, o a alguna deidad similar. Ella me reveló su nombre y lo repitió insistentemente a mi oído, susurrándolo una y otra vez para asegurarse de que lo recordara al despertar. Pronunciaba con lentitud y claridad: "Sadhbh, Sadhbh". Al despertar, el nombre resonaba aún en mi mente. Lo anoté al instante, aunque no tenía idea de su significado. Inmediatamente, recurrí a una búsqueda en Google para intentar descifrarlo. Y, por supuesto, lo escribí tal como lo oí, ¡como cualquier hablante nativo de inglés lo haría! Y entonces, supongo, se produjo una sincronía. Durante el año en que te conocí, coincidí con otras personas que compartían experiencias similares, pero desde perspectivas distintas. Además, me acercaste a la leyenda de Fear Dorcha, el hombre oscuro de la mitología irlandesa. Intrigada, comencé a investigar y a leer algunas historias al respecto. Fue así como descubrí que su esposa secuestrada, según la tradición, era Sadhbh. Pensé: "Está bien, era un hombre oscuro. Es una figura diabólica. Es el hombre oscuro de las encrucijadas. Estamos tratando con alguna energía del inframundo". Y a mí, que provengo de la práctica de la brujería, eso me encantó en muchos planos, porque es realmente como una iniciación. Me interesa mucho todo esto de asumir nuestros lugares en el inframundo. Así que aquello resonaba con el lugar en que me encontraba en mi práctica. Pero cuando recibí ese nombre, me dije: "Vaya, aquí hay algo más". No tengo ninguna herencia irlandesa, no estoy familiarizada con la mitología irlandesa, aunque estoy muy conectada con el paisaje británico y este es mi hogar ancestral. Eso fue lo que realmente abrió este camino para ver la conexión con las hadas. Siempre he trabajado con la tierra, con el bosque, con los espacios salvajes. Pero empecé a mirar y trabajar con la naturaleza de una manera diferente, ahora más como una respuesta al elemento de las hadas.

Al crear la baraja de arcanos mayores, realicé una edición limitada de cien ejemplares, cada uno cargado ritualmente. Incluso siento que los pasos específicos del ritual que utilicé me fueron dados. Tenía una fuerte sensación de presencia, como si una figura oscura me guiara, indicándome con precisión cómo consagrar las barajas y dedicarlas a su servicio. Sé que suena algo cristiano y siniestro, pero así fue. Tuve la certeza de que cada uno de los veintidós arcanos albergaba un espíritu específico, el cual habitaba tanto la baraja en su conjunto como cada carta individual dentro del sistema. Una vez puesta a la venta, la baraja comenzó a llegar a manos de diversas personas, y fue entonces cuando comenzaron a ocurrir sincronías verdaderamente fascinantes y desconcertantes. Las personas que recibieron la baraja empezaron a encontrar regalos en la puerta de su casa o a recibir objetos no solicitados, como libros de Amazon y otros artículos. Estos incidentes se repitieron en varias ocasiones, lo que resultaba extraño. Sin embargo, lo que unió todas estas experiencias fue la naturaleza de los regalos: herramientas mágicas, libros sobre folclor irlandés, mitología y cultura celta. De hecho, tres o cuatro personas recibieron el libro The Art of Celtic Seership *de Caitlin Matthews sin haberlo pedido. Para mí, esa era la cuestión clave: si se aborda algo desde una perspectiva oracular, es fundamental preguntarse: ¿cuál es la función de este objeto? Los libros almacenan conocimiento, esa es su función principal, o a veces guardan secretos. Sin embargo, un libro sobre adivinación celta tiene una particularidad: se centra en la atención a las señales, especialmente a aquellas provenientes del entorno natural. Esta característica me parece una conexión directa con la corriente celta, un aspecto que, como ya mencioné, no considero adecuado para mi práctica del tarot, la cual se aproxima más al tradicional tarot de Marsella. Varias personas hallaron fuera de sus hogares incienso, quemadores y diversas herramientas empleadas en prácticas mágicas. Era como si alguien nos estuviera proporcionando las instrucciones precisas para realizar un ritual con estas cartas. Resulta bastante extraño. Según tengo entendido, unas diez o quince personas de este grupo experimentaron hechos similares.*

A partir de ese momento, tomé la baraja y realicé un ritual para crear un templo astral dedicado a ella. Este ritual lo llevé a cabo de manera individual y posteriormente lo compartí con un grupo de aproximadamente sesenta personas en un ritual de visualización. Tras esta experiencia, el espacio astral se sintió sumamente sólido y tangible. Resulta sorprendente que incluso personas que no han participado en la iniciación al espacio hayan tenido visiones y experiencias muy similares. Con frecuencia acuden a mí y comparten detalles específicos sobre la ubicación, el funcionamiento y los elementos que encuentran en este lugar astral. Asimismo, han descrito ciertas mecánicas que operan dentro del espacio. Es decir, han descubierto por sí mismos este templo, a pesar de no haber recibido una guía directa por mi parte. Sin embargo, es importante destacar que quienes han tenido estas experiencias son personas que han trabajado de manera profunda con la baraja. Por lo tanto, considero que la creación de herramientas a través de la baraja, la apertura a las señales y la conexión con el espacio astral han sido fundamentales para facilitar una relación más profunda con la figura del hombre oscuro y, en consecuencia, han llevado a un mayor número de personas a experimentar esta conexión.

El relato de Elise sobre la experiencia de ser llevada por su *daimon* hasta el agotamiento en la creación de arte para una figura oscura me resulta familiar. En este preciso instante estás leyendo los frutos de una experiencia similar. Mi trabajo es el de narrador de historias, mientras que el de Elise es el de bruja. La baraja de tarot *Blood & Ink* es un grimorio que se le reveló, un conjunto de cartas que funcionan como portales hacia otros mundos. Estas cartas fueron el eje de una experiencia compartida por un grupo de personas de todo el mundo, que se reunieron en un templo astral y recibieron símbolos mágicos en sus hogares.

Para mí, lo más destacable de esta historia es el nombre de Sadhbh. Si bien es la madre del gran héroe Oisín y amante de Fionn, esta figura resulta sumamente efímera en la mitología irlandesa. Sus apariciones son breves, en particular cuando adopta forma humana, convirtiéndola esencialmente en una nota de pie de página en estos relatos épicos. A pesar de su impacto a lo largo de los siglos, dista mucho de ser una figura central. La revelación de su nombre a Elise resulta asombrosa, sobre todo al comprender que ella desconocía el papel que Sadhbh desempeñaba en la tradición del Hombre Oscuro.

Elise también confiesa sentirse completamente agotada por la frenética producción de las cartas. Este es el precio que paga quien funciona como conducto. Los costos varían, desde migrañas hasta el agotamiento más absoluto. Una vida dedicada a ser un conducto, si no se controla puede acarrear consecuencias mucho más devastadoras. Del mismo modo, el Hombre Oscurono debe subestimarse en ninguna circunstancia.

No todos salen indemnes de la prueba de valor. Elise, con gran sabiduría, aboga por la cautela.

> *Tengo mis reservas. Sigo percibiendo esto como un proceso iniciático de brujería. Me preocupan aquellos que se involucran en estas prácticas, pues algunos de ellos puedan requerir mayor contención o marcos de seguridad más sólidos. No se trata de una energía sencilla; nos confronta directamente con nuestra sombra y nuestra oscuridad. Considero fundamental que personas como tú, con este libro, y quienes como yo guiamos a otros hacia estos espacios, evitemos el sensacionalismo y tomemos en serio esa oscuridad. No podemos asumir un papel de líderes indiscutibles en este ámbito, pues eso se convierte en egoísmo. No se trata de eso. Se trata de una integración consciente que se logra a través de este proceso.*

Darragh Mason: *Creo que es una reflexión muy útil. Lo que sucedió después de tener mis visiones, fue la formación de un sendero de migas de pan hacia más información. Los resultados hicieron que mi espacio digital fuera cada vez más pequeño, ya que me habían dado áreas de enfoque en las cuales trabajar. Y eso es un resultado directo de estas primeras experiencias.*

Elise Oursa: *Eso es exactamente de lo que puedo hablar. Los resultados directos. Creé la baraja, llegó la pandemia y luego establecí mi comunidad en línea, Coffee and Cards, pensando que sería simplemente un lugar para pasar el rato, leer algunas cartas y tomar café. Pero se convirtió en el* centro de todo, ha crecido hasta convertirse en una comunidad en línea realmente vibrante, próspera e interesante, sin muchos de los dramas que se encuentran en otros lugares, lo cual es una bendición. Eso no habría sucedido sin la baraja. Llevamos así dos años. También ha sido un catalizador para mi práctica artística. No había creado arte durante años antes de realizar la baraja. Acabo de abrir las compuertas a la impresión. La baraja es un conjunto de monocopias. Así que esa fue mi primera experiencia con la impresión. Pero este último año, es como si el mundo exterior se hubiera vuelto mucho más estático y enfocado para mí. Es decir, ahora lo que hago es crear arte y dirigir mi comunidad, lo que también facilita la creación.

Me contagié de COVID en febrero, mientras apoyaba a alguien que sentía estar bajo un ataque psíquico o mágico. Si bien puse límites claros en la medida de mi apoyo, me preocupaba que esto me dejara vulnerable a un ataque también, ya que estaba muy enferma. Durante mi enfermedad, el Hombre Oscuro me acompañó, como el rey de espadas, una de mis cartas. Cuando estaba entre la vigilia y el sueño, sentía que me envolvía en sus alas protectoras mientras dormía. Considero que esto fue una iniciación adicional a esa energía. En la brujería, la magia y la elaboración de hechizos, la contención es un aspecto crucial. Ya sea el círculo mágico a tu alrededor, el caldero o los materiales para el hechizo, creo que debe existir un contenedor para que tu magia crezca. Por lo tanto, pienso que quizás eso es lo que tú y yo estamos experimentando. Podría ser exactamente eso.

Darragh Mason: *Eres una bruja muy establecida, con experiencia y conocimiento en muchas escuelas diferentes de pensamiento y práctica mágicos. ¿Qué crees que es el Hombre Oscuro?*

Elise Oursa: *Creo que el Hombre Oscuro es como un espíritu de manifestación. No me refiero a la manifestación como "déjame ayudarte a conseguir un trabajo", sino a una fuerza cósmica de todo lo que entra en existencia, así es como lo veo. Y dentro de eso, es necesario tener fuerzas demiúrgicas: de estructura, leyes y reglas, y así debe ser. Y también es necesario tener fuerzas de oscuridad y caos, lo que crea un dínamo de creación. Creo que* *es algo que está más allá del bien y del mal. Creo que ofrece la oportunidad de integrarnos en nuestro ser completo y revelar nuestras partes ocultas, nuestras partes oscuras, que también están ahí. Y creo que es claramente una iniciación en algún tipo de alteridad, en una aceptación de la alteridad. Algunas personas tropiezan con estas experiencias y otras las buscan, pero esto no ocurre para todos. Hay una razón por la que algunas personas experimentan esto. Quizás algunas simplemente están preparadas para estar en dos mundos.*

◆ ◆ ◆

La afirmación final de Elise expresa lo compleja que es la experiencia. La prueba de entereza combinada con la deconstrucción de nuestra mentalidad dualista es un reto importante, con independencia de la posición de partida. Experimentar estas fuerzas cósmicas de primera mano es profundamente humillante y aterrador. Si tu ego no se modera, tiene el potencial de alcanzar una amplificación autodestructiva. La naturaleza no perdona. Reparte vida y muerte a partes iguales. Esto no convierte a la naturaleza en buena o mala. Tanto la luz como la oscuridad pueden consumirnos. Esto es algo a lo que nos enfrentamos en nosotros mismos cuando experimentamos al Hombre Oscuro. ¿Qué es lo que me consume? ¿Puedo llegar a un entendimiento con esos elementos destructivos de mí mismo? A través de este proceso iniciático llega la oportunidad de integrarse en el todo, de comprender la propia naturaleza y aceptar la alteridad.

9
Jessica Mitchell, Glastonbury Tor

Nacida y criada en una granja de Kansas, Jessica Mitchell tuvo un encuentro sobrenatural en la cima de Glastonbury Tor, Inglaterra, en 2011. Un misterioso Hombre Oscuro se cruzó en su camino aquella madrugada, marcando un antes y un después en su percepción del mundo.

La profundidad de la mitología que rodea a Glastonbury es asombrosa. Desde el rey Arturo hasta Gwyn, pasando por el mismísimo Jesucristo, sus asociaciones legendarias han convertido a Glastonbury en el corazón mitológico de Gran Bretaña. El Tor es una colina que se alza sobre Somerset y es visible a kilómetros a la redonda. En su cima se encuentran las ruinas de la torre de San Miguel, lo que queda de la segunda iglesia dedicada a este santo. El Tor está estrechamente vinculado a Gwyn ap Nudd, rey de las hadas galesas o *tylwyth teg*. Es el soberano del otro mundo galés, Annwfn, y su nombre significa Gwyn, hijo de Nudd. Aunque Gwyn se traduce como hermoso, brillante o blanco, se le describe también como un gran guerrero de rostro ennegrecido. Una vez más encontramos la familiar metáfora del no dualismo.

En la tradición galesa, Gwyn era conocido como "el rey bajo la colina". Se lo vinculaba con ciertas colinas, bajo las cuales se creía que residía en su palacio. Topónimos como Caer Drewyn, una colina-fortaleza cerca de Corwen, se consideran derivados del *tref Wyn*, "el hogar de Gwyn". Gwyn también está asociado con la caza salvaje, un motivo recurrente en muchas culturas. Dada la naturaleza de la caza salvaje, relacionada con la reunión de almas, no sorprende que Gwyn sea considerado un *psicopompo*. De hecho, el *Libro negro de Carmarthen*, uno de los textos galeses más antiguos, lo describe explícitamente como tal. Escrito en el siglo XII, este manuscrito incluye un poema, "El diálogo de Gwyddno Garanhir y Gwyn ap Nudd", en el que Gwyn se autodenomina la "esperanza de los ejércitos". En su papel de guía de almas, Gwyn emerge del otro mundo para conducir a los muertos:

> *He estado en los lugares donde cayeron los soldados de Prydain,*
> *Desde el este hasta el norte;*
> *Yo estoy vivo, ellos yacen en sus tumbas.*
> *He estado en los lugares donde cayeron los soldados de Prydain,*
> *Desde el este hasta el sur;*
> *Yo estoy vivo, ellos están muertos[1].*

Fig. 7. Torre de San Miguel en Glastonbury Tor
Foto del autor

La siguiente entrevista fue grabada para el podcast *Spirit Box* (episodio 91). Jessica nos compartió su relato mientras ascendía el Tor, durante las primeras horas de la mañana.

◆ ◆ ◆

Jessica Mitchell

Teníamos puesta toda nuestra atención en el ascenso de la colina, con la mirada fija en el monumento que coronaba su cima. De alguna manera, el ascenso desde la base hasta la cúspide duró apenas veinte minutos, lo que nos desconcertó sobremanera. Nos habían advertido que el recorrido completo, incluyendo el laberinto, tomaría entre dos horas y media y tres horas. Así que desconfiábamos un poco de esas estimaciones. Sabiendo lo que sabemos ahora, ese plazo era más bien para quienes se aventuraran por el intrincado camino del laberinto; nosotras, en cambio, tomamos una ruta más directa. Fue una sorpresa, pues de pronto nos hallamos ante el imponente monumento. Eran, aproximadamente, las cuatro y media de la mañana; aún teníamos dos horas antes del amanecer. Nos resultó un poco gracioso.

En cualquier caso, mi amiga y yo compartíamos ese momento, juntas y a un lado del monumento, en lo alto de la colina. Había algo profundamente conmovedor y sobrecogedor en el ambiente; era como estar en presencia de algo ancestral. Resulta difícil describir la mezcla de sensaciones que experimentaba en aquel instante. Mi amiga se inclinó hacia mí y susurró: "¿No es increíble que estemos aquí solo las dos?". Asentí, convencida. Era, en efecto, increíble. Y justo en ese momento percibí una tenue luz roja parpadeando a la derecha del arco. Mi mente asoció de inmediato esa luz con alguna alarma o sensor de movimiento. Pero la curiosidad me impulsó a observarla con atención, pues parecía desplazarse. Estábamos a unos cincuenta metros del monumento, y esa enigmática luz roja continuaba su movimiento a la derecha del arco. Mi cerebro luchaba por encontrar una explicación racional. Pregunté a mi amiga si podía verla, pero negó con la cabeza. Y así, tan repentinamente como había aparecido, la luz se desvaneció, transformándose en una masa oscura.

Suelo explicarlo como alguien que agita una bolsa negra de basura. Era más negra que el negro, angulosa, y fluctuaba en tamaño y longitud, en un movimiento constante. Mi amiga y yo quedamos perplejas ante esa masa sin forma, incapaces de discernir su naturaleza. Le comenté que podía apreciarla mejor desviando ligeramente la vista hacia los lados, pero incluso así veía solo una masa oscura, amorfa. Mi amiga sugirió acercarnos para examinarla mejor, pero yo le respondí que me era imposible. De hecho, me sentía inmovilizada, como si una barrera invisible me impidiera avanzar. Delante de mí se erigía un muro psíquico... que me mantenía anclada en ese lugar. Estaba congelada en ese espacio. Sin embargo, deseé rodear ese muro psíquico. Por ello, me aparté unos cincuenta metros más de mi amiga para obtener un mejor ángulo lateral de aquella masa negra que intentaba manifestarse. Ella permaneció frente al monumento y a la propia masa. Yo, en cambio, me desplacé a un ángulo distinto, a poca distancia de ella. Justo cuando alcancé ese ángulo y fijé mi mirada en lo que observábamos, el objeto comenzó a adquirir la forma de la silueta de un hombre. Pude distinguirlo de perfil, con la espalda y una pierna apoyadas contra la pared del monumento y los brazos cruzados. Experimenté un impacto absoluto ante lo que veía. En ese preciso instante, sentí cómo la energía bajo mis pies empezaba a moverse. Era como sentir ondas bajo los pies. Percibí cómo se desplazaba desde el suelo hacia ese ser, atraída por aquella masa negra, por aquel hombre oscuro, como si de alguna manera estuviese absorbiendo la energía de la tierra misma.

Entonces fue como si hubiese recogido la energía desde abajo, la canalizó hacia arriba y la expulsó por la boca al exclamar: "¡Buenos días!" En ese instante, la energía circundante se onduló como las aguas al recibir una piedra. Las ondas expansivas que se generaron eran palpables en la atmósfera, como si el saludo reverberara por toda la tierra y a través de nuestros cuerpos. Al mirar a mi amiga, noté de inmediato su postura de lucha o huida, como si estuviera a punto de defenderse. Sin dudarlo, vovlví sobr mis pasos y, cuando caminaba hacia ella, el hombre surgió de la pared y se dirigió hacia nosotras. Mi amiga, sobresaltada, exclamó: "¡Dios mío, nos has dado un susto de muerte!", pero él no respondió.

Entonces el hombre dijo: "¿Tienen una taza de té?". Me enfadé mucho con él, porque me sentí burlada. Mi cerebro lineal intentaba dar sentido a lo que estaba ocurriendo. Nada tenía sentido para mí en ese momento, y mi reacción fue la ira. Estaba muy enfadada. Pero cuando oí su voz pidiendo una taza de té, reconocí algo en su acento. Y quise preguntarle si era de cierta parte de Escocia, porque su acento me sonaba muy familiar. Y fue en ese momento cuando algo dentro de mí me dijo: "No interactúes". Esas palabras pasaron exactamente por mi mente: "No interactúes". Se me dieron reglas muy estrictas para no interactuar con este ser. Así que no pregunté de dónde era, pero su acento me sonaba muy familiar.

Dijimos: "No, no tenemos una taza de té". Su extraña solicitud había sido muy desconcertante. Y entonces se mostró visiblemente decepcionado. Dijo: "¿Tienen un cigarrillo?". Nuevamente, me enfadé mucho. Le respondí: "No, no tenemos cigarrillos". Una vez más se mostró decepcionado. Al regresar con mi amiga, volví a dirigirme a él y le reproché: "¿Cómo te atreves a no dar a conocer tu presencia? Llevamos aquí cinco minutos. ¿Cómo te atreves?". Me volví hacia mi amiga y le dije: "Tenemos que irnos. Ahora mismo". Ella, dirigiéndose a él, dijo: "Bueno, que tengas un buen día". Él se dio la vuelta muy lentamente. Debo añadir que era tan alto como el arco del monumento. Si ves una foto, advertirás la gran altura del arco. Así que este ser, este hombre oscuro, medía casi tres metros. Se volvió, caminó de regreso a su lugar en la pared y retomó la postura inicial, apoyado nuevamente contra ella.

Se cruzó de brazos, recargando nuevamente el pie en la pared. Mi amiga insistió: "Bueno, que tengas un buen día". Él respondió con una frase extraña: "Lo que queda de él". Apenas eran las cuatro y media de la mañana. Mi amiga y yo nos dimos la vuelta y, mientras *entrelazábamos nuestros brazos, me dijo: "Jesse, creo que deberíamos correr". "No, no podemos correr", respondí. En mi mente, la situación era extremadamente peligrosa. Correr sería admitir que éramos presa fácil y él, un depredador. No, teníamos que caminar rápido, muy rápido. Sin embargo, una parte de mí temía que aquella fuera la última vez que nos vieran.*

Bajamos la colina precipitadamente y, una vez abajo, nos dimos cuenta de que estábamos a salvo. Pasamos las siguientes veinticuatro horas en estado de shock, sin comprender del todo lo que había sucedido y quién o qué era aquello con lo que nos habíamos topado. Estábamos visiblemente conmocionadas hasta la médula por nuestra experiencia y así permanecimos durante los días siguientes. Pero a mí me transformó de inmediato. Siento como si hubiera ascendido al Tor siendo una persona y hubiera descendido, tras esa experiencia, como alguien totalmente distinto. De repente, todo lo que creía saber se volvió en mi contra, obligándome a cuestionarlo. Algo cambió irrevocablemente y, desde entonces, he estado analizando aquella experiencia, descubriendo nuevos matices con cada reflexión. Fue una experiencia extraordinaria que me marcó profundamente y que jamás olvidaré.

Darragh Mason: *Gracias por compartirla, Jessica. Qué experiencia tan extraordinaria y aterradora. En cuanto a la figura que viste, ¿había algún rasgo discernible? ¿Parecía tridimensional o simplemente una figura plana y oscura?*

Jessica Mitchell: *Sí, parecía plana. Cuando digo que era más negra que el negro, me refiero a un tono de negro que nunca había visto en la vida real. En cuanto a su apariencia física..., solo pude apreciar su perfil. El único momento en que distinguí algún rasgo fue desde ese ángulo. Recuerdo una nariz muy afilada, cabello muy corto peinado en una especie de copete y una estatura extremadamente alta. Parecía un motociclista. negro, pero me resultó muy difícil distinguir sus rasgos faciales.*

Darragh Mason: *Mencionaste que esto te cambió significativamente. ¿Podrías explicar un poco más al respecto?*

Jessica Mitchell: *Esta experiencia supuso una validación para mí: comprobé que esas entidades existían. Ya no había lugar a dudas sobre la presencia de otros seres, fuesen hadas, fantasmas o sombras. Los días de cuestionamiento habían llegado a su fin para mí. Ahora sabía con certeza que aquel mundo alternativo coexistía con el nuestro. Siempre había intuido que estas cosas eran reales, pues las había experimentado durante mi infancia. Había visto y sentido, pero nada se comparaba con esto. Esta interacción, este intercambio de energía con aquel ser, elevó todo a otro nivel.*

Darragh Mason: *Mencionaste que sentías que era un depredador. ¿Puedes describir lo que eso significa?*

Jessica Mitchell: *Sí, bueno, nos encontrábamos en una situación muy vulnerable. Éramos dos chicas estadounidenses sencillas, en una tierra extraña y en medio de la noche. Mi reacción inmediata fue la ira. El hombre nos había estado observando, acechando, esperando el momento preciso para atacar. Tenía la mirada de un depredador, es difícil de explicar. Sentí un peligro inminente, una amenaza real. Mi cuerpo respondió a esa situación con una ira intensa. Instintivamente supe que huir tendría consecuencias fatales. Pero si demostrábamos fuerza, quizás podríamos sobrevivir.*

Darragh Mason: *Cuando he conversado con personas que han vivido experiencias similares, en las que han presenciado algo tan extraordinario como lo que tú has descrito, algo que transforma su mundo, que desafía toda explicación y no encaja con nada de lo que hasta ese momento creían real y tangible, he notado que es un momento sumamente impactante. Un momento que genera un profundo temor. Es como perder el ancla y quedar a la deriva. Lo que he descubierto en muchas de estas personas —y eso es lo que quiero preguntarte a ti— es que, una vez que logran reorientarse y procesar lo sucedido, experimentan un cambio profundo: sus intereses y las áreas que exploran se transforman. ¿Te ha ocurrido algo similar?*

Jessica Mitchell: *Sí, absolutamente. Creo que me obsesioné un poco con la imagen del Tor, con el monumento, con escuchar las historias de otros sobre la zona. Y eso me abrió la mente. Al regresar de Glastonbury, comencé a* *tener experiencias en casa en las cuales veía entidades. Ya había experimentado cierta actividad paranormal, pero algo cambió y se intensificó. Afortunadamente, eso ha disminuido ahora. Sin embargo, hubo algo en esa validación de saber que estas cosas existen, son reales y ocurren a nuestro alrededor constantemente. Lo acepté. Empecé a ver el mundo con otros ojos. Comprendí que no todo es lo que parece. Estoy completamente de acuerdo contigo. Así es como me transformó, ayudándome a entender que hay mucho más allá de lo que nos cuentan o de lo que vemos. Vivimos en un lugar complejo y profundo.*

Darragh Mason: *¿Has vuelto a verlo?*

Jessica Mitchell: *No, no lo he visto. He avistado otra entidad, una figura sombría, pero no se trataba de este ser. Era una energía distinta a la que suelen presentar las figuras sombrías comunes. No he vuelto a encontrarme con esta presencia.*

Darragh Mason: *Pareces un poco decepcionada.*

Jessica Mitchell: *Lo estoy. Siento que, desde aquella mañana, una parte de él habita en mí y una parte de mí en él. Aquel día intercambiamos algo profundo. Por eso, a pesar de la ira y el miedo que sentí, anhelo volver a encontrarlo, aunque solo sea para hacerle una pregunta: "¿Por qué?". He regresado a Glastonbury en muchas ocasiones buscándolo, pero nunca he tenido éxito. Sin embargo, sigo esperando volver a encontrarlo. Y ahora me siento más preparada.*

◆ ◆ ◆

Varios elementos de este encuentro refuerzan mi convicción de que Jessica se encontró con una manifestación del Hombre Oscuro. El primero y más evidente es la conexión del Tor con Gwyn, aspecto que ya hemos analizado. Existen otros detalles más sutiles, tanto en el comportamiento de la figura enigmática como en las repercusiones personales para Jessica. El reclamo de una taza de té y, posteriormente, de un cigarrillo revela el característico sentido del humor del Hombre Oscuro.

Estas peticiones, absurdas y ajenas a la gravedad de la situación, ponen de manifiesto su indiferencia ante las circunstancias extraordinarias y traumáticas que atraviesan Jessica y su amiga. Jessica describe a la figura como un depredador, insinuando que un error de cálculo podría haber puesto su vida en peligro. Asimismo, sugiere que una demostración de fuerza sería crucial para su supervivencia. Esta "prueba de valor" es un hito del que Jessica puede sentirse orgullosa.

Finalmente, cabe mencionar el impacto transformador de este encuentro. Como lo expuso Jessica, su visión del mundo se ha alterado radicalmente, pues ahora comprende que las apariencias engañan. Su deseo de volver a ver al Hombre Oscuro y de formularle preguntas evidencia la profunda conexión que se ha establecido entre ambos. Este encuentro puede considerarse una iniciación.

10
Shullie H. Porter, la muerte y el Hombre Oscuro

El Hombre Oscuro, como *psicopompo*, siempre se ha asociado con la muerte. Shullie H. Porter, bruja hereditaria, nació sin vida, con el cordón umbilical alrededor de su cuello. Este difícil parto le otorgó la facultad de percibir a los difuntos y a los numerosos espíritus que habitan más allá del velo. Su madre, una una mujer cunning (término empleado en Gran Bretaña para referirse a quienes practican la magia, la medicina tradicional y la adivinación), la instruyó en la naturaleza de sus dones. En la terminología de su tradición, se dice que "ella transita por ambos lados del cerco".

Lo que distingue a este relato testimonial es que **él** siempre ha estado junto a ella, y ella siempre ha sido consciente de su presencia de alguna forma. Shullie aborda el tema con honestidad y franqueza, a pesar de su carácter extraordinario. Sus experiencias reflejan múltiples elementos clave del folclor del Hombre Oscuro: su presencia en los límites del más allá, su capacidad de cambiar de forma y su papel en la prueba del carácter individual. Asimismo, la naturaleza hereditaria de sus dones y prácticas evoca el concepto de "fuego en la sangre". No ha sido necesario un desafío apocalíptico para poner a prueba su visión del mundo, y tras cuatro años de conocerla, dudo que algo pueda perturbarla.

◆ ◆ ◆

Shullie H. Porter

Mi madre hacía magia para toda la comunidad. Teníamos una tienda en una esquina, y en la trastienda, ella realizaba sus prodigios para quienes la buscaban, como ayuda a deshacerse de cosas indeseadas. Iba a las casas de las personas y preparaba a los muertos; siempre iba a los funerales para asegurarse de que incluso la gente que no conocía tuviera dinero para pagar la transportación.

Hablaba con los muertos, así que crecí con ello. Mis hermanas también solían ver más allá; de hecho, mi hermana menor también trabajaba con espíritus. Ella ya falleció, pero como también solía trabajar bajo la guía de alguien, realmente creo que podría haber sido él. Ha habido espíritus en todas las casas que he habitado.

A lo largo de todas las experiencias que Shullie nos relata, el Hombre Oscuro nunca se alejó de ella ni de sus hermanas. Él siempre está cerca de aquellos a quienes sigue, observando desde las sombras.

Cuando era pequeña teníamos un jardín bastante grande con un huerto y gallineros. Había un hombre que se paraba bajo el pequeño manzano al fondo del jardín. Yo creía que era policía, porque era alto y oscuro.

Yo solía ir a hablar con ese hombre al fondo del jardín, ese hombre que no estaba allí, o al menos que no todos podían ver. Al principio desconocía que los demás no podían verlo. Hablé con él durante años y años; siempre estuvo presente durante mi infancia. Hace poco, en una conversación con mi hermana, descubrí que ella también recordaba al hombre del jardín y que incluso mi madre lo había visto. Mi madre era una mujer que veía muchas cosas. Mi hermana confesó que le daba miedo, a lo que mi madre le había dicho: "No tienes que hablarle si no quieres". Así, dentro de la familia, parece que todos veían al hombre del fondo del jardín, pero solo yo solía acercarme a sentarme y conversar con él. Me tomó mucho tiempo darme cuenta de la identidad de ese hombre, ya que ha estado presente en mi vida de manera intermitente durante años.

Siempre he visto espíritus y he hablado con los muertos. Nací clínicamente muerta, con el cordón umbilical alrededor de mi cuello, un mes antes de lo previsto y en lo alto de una escalera. La vecina de mi madre me atendió, me quitó el cordón del cuello y consiguió que empezara a respirar. Mi madre solía decir que por esa experiencia cercana a la muerte podía percibir lo que otros no, pues había estado allí y había regresado. Desde entonces, he tenido varias experiencias cercanas a la muerte y él siempre ha estado presente.

En las situaciones descritas por Shullie prevalece la liminalidad. Son lugares y momentos de intersección, encrucijadas de la vida y la geografía. El fondo del jardín es un ejemplo paradigmático: allí, nuestros espacios vitales se funden con el mundo natural, constituyendo puntos intermedios entre lo humano y lo salvaje. He experimentado sensaciones profundas en mi propio jardín: voces incorpóreas que invocaban mi nombre, caricias en la frente y el peso de una mano ausente. Estos son espacios compartidos, zonas fronterizas con otro mundo. El difícil nacimiento de Shullie, sumado a sus dones hereditarios, le ha conferido una apertura constante a un mundo del que la mayoría solo vislumbra fragmentos, como fotogramas sueltos del pléroma (unidad primordial o plenitud) recortados en la película de nuestras vidas.

Él solía cambiar de forma. De niña, parecía un soldado. Yo presumía en la escuela, jugaba con tablas ouija, asustaba a todos, les leía la fortuna, hacía magia para novios y amigas... todas esas cosas que uno hace a esa edad. Él siempre me susurraba, me hablaba. De adolescente comencé a trepar a los trenes y a vivir aventuras. Mi madre murió cuando yo tenía dieciséis años, y después de eso, me volví un poco rebelde. Desaparecí por un tiempo, pero él siempre estuvo conmigo, en las sombras. La gente habla de personas en la sombra, ¿no? Él siempre estaba ahí, como una especie de sombra.

Lo relegué a un rincón de mi mente, tratando de no relacionarme mucho con él. Tenía otras prioridades en mi vida. La verdad no deseaba que un muerto me hablara. Eso es lo que yo pensaba que era: un hombre muerto.

Regresó a mi vida de manera contundente hace unos quince años, como una figura definida, un hombre alto y oscuro. Yo estaba en un aquelarre, practicando el ritual de invocación a las esquinas, y él se presentó junto a otros espíritus. Una de las participantes trabajaba con seres angelicales, por lo que asumimos que estos espíritus, incluido él, eran ángeles caídos. Así lo creí en ese momento. Solía acompañarme durante los rituales del aquelarre y luego se retiraba. Cuando el aquelarre se disolvió, me acompañó a casa y permaneció conmigo, tanto que, cuando yo iba a algún sitio, la gente lo veía. Recuerdo una ocasión en que, agotada por tanto trabajo energético, asistí a una iglesia espiritista. ¡Causó gran conmoción entre los asistentes! Me advirtieron, —y luego a una amiga que me acompañaba—: "Detrás de ti hay un gran hombre oscuro". Supe al instante de quién se trataba. Viajé a América y una mujer intentó leerme la suerte. Al verme quedó visiblemente sorprendida y me preguntó si sabía que me acompañaba un hombre oscuro. Le confirmé que sí y que no había problema. Ella, sin embargo, mostraba cierta inquietud. La gente siempre ha tenido dificultades para leer mi fortuna, creo que porque él interfiere de alguna manera. Una vez asistí a un taller sobre ángeles en el que se prometía la posibilidad de conectar con nuestro ángel guardián. Varias mujeres se dedicaban a leer a las personas, revelándoles los nombres de sus ángeles protectores. A muchos les decían que estaban bajo la protección de Miguel, Rafael o cualquier otro de aquellos "adorables" ángeles. Cuando llegó mi turno, la lectora me dijo: "No puedo hablarte del tuyo porque es grande, oscuro y no quiere que hable contigo". Le respondí: "Está bien, lo entiendo. Sé quién es. No le hace daño a nadie y me cuida las espaldas". En ese momento comencé a comprender la naturaleza de mi protector. Intenté comunicarme con él, pero en aquel entonces nuestra comunicación era limitada. Más tarde viajé a Glastonbury, y una amiga, conocedora de la brujería tradicional me comentó: "Veo a un hombre detrás de ti". Empezamos a conversar sobre mi Hombre Oscuro y sobre quién podría ser. Le aseguré que no creía que fuera Lucifer, ya que nunca me había revelado su nombre y siempre imaginé a Lucifer como una figura más luminosa. Después de varios años, finalmente decidí: "Si no me das un nombre, no trabajaré contigo". Al parecer, mis palabras lo convencieron y me reveló su nombre.

He tenido experiencias similares. Varios psíquicos han percibido una presencia oscura a mi alrededor, describiéndola como un siniestro Padre de los Brujos, con cuernos hendidos y ataviado como un noble del siglo XVII. En otra ocasión, mi padre también fue testigo de esta entidad, viéndola como una imponente figura negra mientras yo le narraba mis encuentros con el Hombre Oscuro.

Tuve que hacerme una serie de pruebas médicas en el hospital y someterme a una cirugía que requería la intervención en la arteria femoral. Un mal presentimiento me embargó. Estaba convencida de que esta vez sería diferente, que no lograría sobrevivir. Había experimentado la muerte antes, por ahogamiento y otras causas, pero en aquella ocasión, la certeza de la inminencia del final me atemorizaba. ¡No quería morir!

Me sometí al procedimiento. Todo transcurrió con normalidad. De regreso a la habitación, tuve que permanecer acostada boca arriba durante tres horas. La inmovilidad era total. Sin embargo, nada parecía fuera de lo común. Más tarde, mi marido y mi hermana me visitaron. Intenté incorporarme un poco. Al iniciar la conversación sentí un estallido y un dolor agudo. Fue como si alguien me desgarrara el muslo; la sábana se empapó de sangre en un instante. La cama quedó cubierta por un charco rojo. En ese preciso momento se abrió una puerta a mi derecha y él entró. Con un simple "vamos", me invitó a acompañarlo. Extrañamente, el dolor cesó de inmediato. Esta fue mi experiencia, a diferencia de los relatos sobre luces y largos túneles. Me encontré a su lado, en medio de un desierto. Me dijo: "Si deseas venir conmigo, cruzaremos el abismo". No sentía miedo y comprendí que me llevaría al otro lado. Justo antes de avanzar, miré hacia atrás. La puerta seguía abierta. A través de ella pude ver un pasaje que conducía a mi marido y mi hermana, quienes se encontraban al pie de la cama. Mi marido estaba pálido y lloraba; mi hermana gritaba: "¡No te vayas, maldita sea! ¡Vuelve!". Me volví hacia él y, con firmeza, respondí: "No puedo", y regresé.

Al volver a la habitación del hospital, nada más cruzar el umbral, el dolor retornó. El portazo resonó detrás de mí y pensé: "Ya está". Dudaba si volvería a verlo. Había transcurrido un largo periodo sin sentirlo y el temor se había instalado en mí. Un día, mientras meditaba, la puerta se abrió de nuevo y él estaba allí. Le pregunté: "No voy a morir, ¿verdad?". Y él respondió: "No morirás, pero puedes cruzar". Desde entonces, puedo atravesar esa puerta cuando lo deseo. No es necesario emprender un largo viaje, como solía hacer para llegar a mi destino. Basta con abrir la puerta. La mayor parte del tiempo me encuentro en un vasto desierto, pero existen otros lugares. Sé que hay un bosque y otras zonas a las que puedo acceder. Sin embargo, cuando cruzo suelo llegar a ese desierto primero. Siento la arena bajo mis pies y el calor abrasador. Ocasionalmente es de noche y el frío me envuelve, pero la mayoría de las veces es de día. Al llegar a un abismo, una gran hendidura, observo seres que ascienden, descienden y se desplazan. No los llamaría demonios, pues no parecen tales; más bien se asemejan a ángeles, algunos alados, otros no. También hay personas. Es como una escalera mecánica en constante movimiento. A veces nos sentamos al borde, con los pies colgando, y conversamos sobre la vida y el universo. En otras ocasiones simplemente charlamos. Al regresar me siento renovada.

Esto ha estado sucediendo de manera intermitente desde hace algunos años. Ahora soy consciente de su presencia constante. Coincidiendo con esto, mis habilidades psíquicas se han intensificado. Trabajo con Hécate y, cuando lo hago, él también está presente. Los percibo a ambos como una especie de apoyo, a cada lado. Aunque Hécate va y viene, él está mucho más presente. Recientemente he experimentado una serie de pérdidas familiares: cinco fallecimientos en tres años. Estoy convencida de que él ha estado conmigo durante todo este tiempo, porque de lo contrario habría sido imposible sobrellevarlo. Primero mi padre, luego mi exmarido, mi suegra, mi mejor amiga y, por último, mi hermana menor. Y mi perro, mi gran perro negro, fue una pérdida especialmente dolorosa. A lo largo de todo este proceso, he encontrado consuelo en su compañía. Hemos hablado, hemos caminado juntos. Me ha ayudado a mantenerme en pie, incluso en los momentos más difíciles.

Sé quién es ahora. No me importa decir su nombre: es Samael. El nombre que me dio es Samael. Trabajo con él, con Samael, pero no hago tratos con él, o al menos intento no hacerlo, aunque muchas veces me envuelve en situaciones límite, a veces de vida o muerte. Es muy complejo, pero me hace reír y le gusta bailar conmigo.

El Hombre Oscuro está intrínsecamente ligado a la muerte. Observamos similitudes notables entre el Señor de los Muertos y esta figura. Donn Dubh engañó a los Fianna para que lo visitaran en su fortaleza en el otro mundo enviándoles a lady Máil en forma de cierva. Fear Dubh empleó una magia similar.

La muerte es la encrucijada definitiva y él es el señor de todas ellas. En las tradiciones de la caza salvaje, a menudo se representa al diablo encabezando la hueste de hadas que galopa por los cielos nocturnos, acompañado por brujas. Estas entidades cazan almas, lanzando dardos mágicos contra los seres humanos. Si un dardo alcanza su objetivo, la víctima abandona este mundo. La muerte puede sorprender a cualquiera en cualquier momento. La cuestión de la crueldad y la justicia es una distracción. Estos seres trascienden la moralidad humana y debemos evitar proyectar en ellos nuestros valores éticos. Asimismo, debemos resistirnos a asignar características humanas a grandes espíritus como el Hombre Oscuro. Hacerlo solo nos conducirá a confusiones. Recuerda tus límites y actúa con astucia.

Después de haber sufrido aquella pérdida de sangre, al ir a encontrarme con él comprendí que era el hombre que me había acompañado a lo largo de toda mi vida. Lleva mucho tiempo conmigo, por lo que no le temo. He leído y reflexionado sobre si debiera temer a este ser angelical, especialmente considerando las referencias a ángeles caídos. He visto sus alas una vez, cuando me abrazó tras la muerte de mi padre. No inspiraban miedo alguno. Se cerraron a mi alrededor como un cálido abrazo. Físicamente, mide entre dos y cuatro metros. Cuando hablo de un hombre de negro, es porque siempre se me ha manifestado así; me refiero a que hasta su rostro es completamente negro, pero no como el de una persona de color. Su rostro es un vacío tan profundo que uno podría caer en él y ser absorbido si no presta atención. Puede infundir terror o, por el contrario, gran comodidad. Sin embargo, dentro de ese vacío a veces percibo rasgos. Recientemente leí sobre los djinn y el djinn negro y me pregunté si esto podría ser lo mismo, especialmente al encontrarme en un desierto. ¿Por qué, entre todos los lugares posibles, estaría en un desierto?

Darragh Mason: *¿Ha venido a visitarte recientemente?*

Shullie H. Porter: *Sí, está cerca. Siempre está cerca, aunque a veces tengo que llamarlo. Por ejemplo, hace poco dije: "Necesito un trabajo, necesito dinero", y se abrió una puerta. Alguien que conozco se me acercó y me preguntó si me gustaría volver a hacer algo que solía hacer. Algo a lo que dije que nunca volvería porque es física, mental y espiritualmente agotador. Pero acabé volviendo. Creo que ese es su sentido del humor: "Bueno, has pedido trabajo y como no me escuchas…". Ten cuidado con lo que deseas.*

Para ser justos, nunca he tenido muy claro qué espera de mí. Organizo las sesiones de Coffee and Cards *y algunos de nosotros contactamos al hombre de negro con frecuencia. Bromeamos diciendo que es él quien nos ordena: "¡Mueve el trasero, haz lo que te pido y cree en ello!". Pienso que esa es la parte más difícil: creer. Siempre he tenido que valerme por mí misma. No soy una persona muy confiada. Ni siquiera con los espíritus, con los fantasmas de los muertos, ¡no confío del todo en ellos!*

Darragh Mason: *Así que dices que es un consuelo, una ayuda. ¿Ha sido realmente austero contigo?*

Shullie H. Porter: *Él me ha ayudado a recomponerme, a calmarme. Me ha dicho: "¿Qué estás haciendo? Tú tienes habilidades". Como mucha gente, soy mi peor enemiga y me cuestiono a menudo. Pero una cosa que me ha demostrado es que soy muy buena con la magia, los hechizos y la creación.*

> *Puedo realizar magia oscura con mucha facilidad, lo cual creo que viene de él. El reto es no caer en la tentación de realizar esas prácticas cuando alguien me enfada, pues puedo hacerlo con facilidad; ese es mi lado oscuro, que creo que le complace ver. No lo haré; me digo a mí misma que no seré esa persona. Es como una prueba. Creo que así es como se avanza, se crece y se cambia. Pienso que fue así con mi madre; es algo familiar.*

◆ ◆ ◆

El tema de la hechicería y los maleficios es todo un desafío. La magia negra, como bien describe Shullie, es un componente inherente a la brujería que no debe subestimarse. Se trata de un acto intencional de violencia mágica. Tiene su lugar, pero no debe utilizarse de manera injusta o arbitraria. Cuando la comunicación ha fracasado y resulta imposible cerrar un asunto de forma digna, o cuando un desequilibrio de poder impide el diálogo, entonces la acción punitiva silenciosa se erige como la justicia del brujo. Mientras el cristiano se pregunta: "¿Qué haría Jesús?", otros pueden plantearse: "¿Qué haría el Hombre Oscuro? ¿Cómo abordaría el embaucador esta situación?". En nueve de cada diez ocasiones, la respuesta es la indiferencia.

El brujo es un ente soberano que se esfuerza por controlar sus emociones y reacciones. No se deja llevar por impulsos emocionales sin reflexionar previamente. Consciente de sus límites, no permitirá que nadie los traspase. Si una situación lo obliga a defenderse y contraatacar a un agresor, entonces la magia negra puede ser una opción viable.

11
La doctora Megan Rose

Megan Rose es psicóloga transformacional. Posee un doctorado en psicología del California Institute of Integral Studies y una maestría en religión de la Graduate Theological Union. Su trabajo se centra en la intersección de la espiritualidad, lo erótico, lo oculto y la ecología. Iniciada como maga ceremonial, es también *shakta* tántrica y practicante de *Faery Seership*, lo que equivale a decir que es una bruja.

En su obra *Spirit Marriage: Intimate Relationships with Otherworldly Beings*, Megan Rose relata su propio matrimonio espiritual, su despertar al misticismo erótico y sus experiencias con su amado del reino de las hadas, la deidad galesa Gwyn ap Nudd. Gwyn es una de las muchas formas que adopta el Hombre Oscuro, y el magnetismo sexual que Megan Rose describe con tanta elocuencia es reconocible a partir de los testimonios de las brujas escocesas.

De lo que se habla aquí es del resurgimiento actual de las deidades del inframundo. Sus perspectivas refuerzan mi convicción de que este resurgimiento es indicativo de un cambio y de que estamos ingresando en la era de los brujos.

◆ ◆ ◆

Megan Rose

Cuando nos fijamos, por ejemplo, en las deidades del inframundo, percibimos una especie de pulsación cíclica: surgimiento, recesión, surgimiento. Los seres ancestrales parecen dormir durante un tiempo, para luego despertar y renovarse, adoptando quizás un nuevo nombre, forma o figura. A partir de mi experiencia con las Fuerzas Oscuras (dioses y diosas de la oscuridad, creo que, como especie y como planeta, estamos en un punto de evolución que requiere una nueva relación con las fuerzas que gobiernan nuestra encarnación: el cuerpo, la Tierra, las mujeres, la sexualidad. Todo aquello tradicionalmente asociado a la oscuridad ahora se vuelve fundamental para la supervivencia de nuestra especie. Tras miles de años de patriarcado y la separación del cuerpo y la mente, urge recuperar el inframundo y su energía revitalizadora. Desde la perspectiva de los estudios religiosos, observo una creciente marea de energía: el resurgimiento de espiritualidades centradas en la Tierra y el animismo, en las que la conexión con la oscuridad es fundamental. Creo que tú y yo, Darragh, junto con un número creciente de personas, estamos inmersos en el proyecto de nombrar, dar forma y constelar esta nueva aunque ancestral forma de espiritualidad que está resurgiendo, aunque nunca se ha ido realmente. Una de las cosas que más admiro de las tradiciones sudasiáticas es su práctica de sacar a las deidades de los templos y lavarlas. Esta limpieza anual me parece una metáfora de lo que muchos estamos haciendo ahora con las deidades del inframundo: despojarlas de mil años de proyecciones y vilipendio para restablecer una relación sana con ellas.

Creo que el folclor corrobora esta opinión. Un ejemplo paradigmático es la historia de Oisín. Una figura oscura es el catalizador de los acontecimientos que culminan su nacimiento. Siglos después, Oisín ve el ocaso de sus días en una Irlanda cristianizada, lamentando la desaparición del mundo de los Fianna. Su trágica historia simboliza la decadencia y el desencanto de Irlanda ante el ascenso del cristianismo. El antes gran héroe y poeta es un anciano decaído cuando entabla un debate con san Patricio, pero aún conserva la tenacidad suficiente para denostar a los monjes cristianos calificándolos como meros "empleados y campaneros". En la narración de Oisín podemos percibir cómo se extingue el pulso de la sociedad pagana. Sin embargo, ahora la corriente del Hombre Oscuro resurge con renovada fuerza; ese pulso se intensifica. Cada vez son más las personas de todos los estratos sociales que comparten conmigo sus experiencias con esta entidad.

Darragh Mason: *Hablando de las entidades del inframundo: ¿quién llamó a tu puerta? ¿A quién conociste?*

Megan Rose: *Nací con una malformación congénita que requería una cirugía a temprana edad. Mi madre, mis tías y el pastor de su iglesia me ungieron con aceite e invocaron al Espíritu Santo para que entrara en mí y me sanara. De esta manera, desde muy pequeña estuve expuesta a lo espiritual de una forma muy corporal, a menudo con connotaciones eróticas. Más tarde, al alcanzar la madurez sexual, descubrí que la sensación de estar llena del Espíritu Santo era similar a la excitación. Otro aspecto interesante de mi crianza pentecostal fueron las poderosas experiencias extáticas durante los servicios religiosos. Sin embargo, también las encontraba en la naturaleza, donde sentía una vitalidad y una excitación similares al conectar con los árboles, a menudo cantándoles. En ese momento no veía nada malo en ello, aunque hoy lo consideraría casi pagano. Pero nunca me avergoncé, ¡sobre todo porque no le contaba a nadie que solía frotarme contra los árboles!*

Fui al seminario a estudiar religión y espiritualidad, donde recibí una clase sobre herejía que me fascinó. Las formas alternativas de espiritualidad, como la brujería, la ecoespiritualidad y el chamanismo, capturaron mi atención. Esto ocurrió a mediados y finales de los noventa. Más tarde, a principios de los 2000, después de experimentar un despertar de la kundalini, me sentí llamada por las deidades oscuras. Había atravesado relaciones devastadoras y abusivas, y había comenzado a practicar yoga como una forma de sanar el trauma y reconectar con mi cuerpo. El trauma me había cerrado física y sexualmente. Una de las consecuencias de asistir al seminario fue que pude desprenderme de algunas creencias arraigadas. Toda esa espiritualidad encantadora y encarnada, esa plenitud con el Espíritu Santo que había experimentado al crecer… decidí que el cristianismo no era mi camino y lo dejé a un lado. Así pues, me quedé con una sensación muy etérea, desconectada de mi corporeidad. Al cumplir los treinta comencé a moverme hacia prácticas más centradas en el cuerpo, como trabajadora corporal, practicante de yoga y bailarina. Un día, tras finalizar una secuencia de asanas, tumbada en la postura de descanso, sentí cómo la vitalidad ascendía por mi cuerpo a través de los chakras. ¡Y me sentí inundada por el Espíritu Santo! Sin embargo, esta experiencia no tenía nada que ver con el cristianismo. Fue en ese preciso instante, al conectar sexualidad y espiritualidad, cuando las fuerzas oscuras llamaron a mi puerta, como si estuvieran aguardando mi reconexión con el cuerpo físico para poder alcanzarme. Fue entonces cuando me sumergí en el estudio del paganismo y la brujería. Y, casi simultáneamente, el amante del reino de las hadas comenzó a manifestarse.

Por aquel entonces comprendí que me veía arrastrada a relaciones por motivos equivocados. Pensé: "Me tomaré un tiempo para mí, no más citas. Seis meses que dedicaré a profundizar en mi práctica yóguica y espiritual, intentando comprender y sanar traumas relacionados con mi sexualidad". Así, seis meses después de una activación de chakras en la postura de descanso (y de haber estado practicando el celibato) tuve un amante. En el momento de la penetración sentí una explosión que recorrió mi cuerpo desde la base hasta la coronilla, como si me estallaran bombillas a lo largo de la columna vertebral. Cada chakra se abrió, la energía se disparó por la parte superior de mi cabeza y me desmayé. Al recuperar la consciencia no tenía idea de lo que había ocurrido. Afortunadamente, trabajaba con una sanadora energética quien, al escuchar mi experiencia, me dijo: "Acabas de tener un despertar de la kundalini". Fue un momento crucial.

Esa energía siempre había estado latente en mi cuerpo; no era algo externo que me invadiera, sino algo que yacía dormido en mi interior y que finalmente despertó. Era una sensación cruda, como la repentina aparición de una cobra erguida. Poco después, en mis sueños, comenzó a manifestarse un espíritu amante. Se presentaba como una entidad poderosa, oscura y angelical, un ser que yo percibía también como una figura masculina oscura.

El sexo y la energía sexual son mencionados repetidamente por quienes establecieron una relación con el Hombre Oscuro, es decir, aquellos que superaron el terror inicial de su aparición y comenzaron a trabajar seriamente con él. Isobel Gowdie describió en múltiples ocasiones sus encuentros sexuales con él. Ya sea que tenga un interés sexual directo o que simplemente amplifique la energía sexual de las personas, es evidente su influencia en este ámbito. Fionn y Sadhbh, por su parte, experimentaron una intensa sensación de amor y deseo mutuo, ¿quizá como resultado de la magia del Hombre Oscuro?

Durante muchos años —diez o quince— negociamos. Yo le decía: "Si vienes a decirme que eres el diablo, que eres Lucifer, intelectualmente comprenderé lo que ello significa, pero otra parte de mí dirá: ¡No, no, no, no puedo seguir con esto! Así que tenemos que negociar y encontrar otro marco que podamos utilizar para trabajar juntos y evitar esta lucha interna con toda mi programación cristiana, que me he comprometido a desmantelar, aunque sé que me llevará tiempo. Haré mi parte para desmantelar todo esto, pero, ya sabes, tenemos que encontrar un punto medio, una forma que mi inconsciente pueda aceptar". Y así fue como llegamos a la figura del hada. Fue un verdadero regalo cuando me dio el nombre de Gwyn. En la tradición galesa, Gwyn es tanto el señor del inframundo o de la muerte como un rey hada; por ello, los tropos cristianos no ofrecen una caracterización adecuada para él. Al tener ascendencia galesa, pensé: "Perfecto, puedo identificarme con esta figura".

Voy a leer esta magnífica cita de Vivian Crowley. En sus palabras: "La mayoría de los practicantes de las tradiciones de la Tierra no conciben a sus deidades como fuerzas opuestas de bien y mal en el universo. Lo Divino no es ni bueno ni malo, sino una energía omnipresente que impregna todo lo existente. Surge de la quietud y la contemplación eternas para manifestarse en la creación y retorna a ella al concluir cada ciclo. El bien y el mal son conceptos inherentes a la experiencia humana, no al cosmos. El mal no existe en forma de un tentador externo o un demonio, sino en las acciones de los seres humanos. Lo Divino en sí mismo no es ni bueno ni malo".

La frase "retorna a la quietud al concluir cada ciclo" nos remite a las fases de surgimiento y recesión. Si nos encontramos en una época de surgimiento, entonces estamos en las estribaciones de una nueva fase de la creación, en la que todos los brujos y los narradores de historias desempeñarán un papel.

Megan Rose: *Ya sabes que existe la idea de que la luz es buena y la oscuridad es mala, ¿verdad? Pero si hay demasiada luz, todo se quema y se consume; si hay demasiada oscuridad, todo se deteriora. Debe haber un equilibrio. En mi formación tántrica, Kali nos enseña que la enfermedad y la salud son dos caras de la misma moneda. La muerte y la destrucción dan paso a la creación y a la vida. Necesitamos ambas. En Occidente hemos estado tan obsesionados con la luz y el mundo espiritual que hemos descuidado las profundidades. Es como si el mundo inferior nos estuviera diciendo: "Están desequilibrados, necesitan encontrar el equilibrio". Jung lo dijo de manera muy clara: "El árbol solo puede crecer tan alto como profundas sean sus raíces". Necesitamos cultivar nuestras raíces internas para poder crecer.*

Darragh Mason: *Es interesante la frecuencia con la que mencionas a Kali. Me parece que los modelos indios, en particular Krishna, aparecen recurrentemente en estos relatos, y encuentro notables similitudes entre Krishna y el enigmático Hombre Oscuro.*

Megan Rose: *Es fascinante. Confieso que me produce escalofríos lo que dices, pues estoy escribiendo sobre ello en mi libro. Mientras meditaba sentada bajo un árbol me surgieron vívidas imágenes, entre ellas la de un dios azul. Intentaba dar con un nombre para este ser. Creé un signo mágico, una suerte de nombre en forma de cruz de rosa, que utilicé provisionalmente hasta que él mismo me reveló su nombre: Gwyn. Sé que los seres de las hadas suelen ser reservados a la hora de compartir sus nombres, pero insistí: "Han pasado diez años, ¿podría conocer tu verdadero nombre?". Y entonces me mostró diversas facetas de su ser, entre ellas la del dios pavo real Melek Taûs y la de un par de dioses oscuros. Y yo le preguntaba: "¿Este* *eres tú?". Y él respondía: "Yo soy de esa manera", o "soy de esa otra". [Lectura de su libro:] "Ante mí se manifestó el dios pavo real, un hermoso ser de cabello oscuro y rizado, piel azulada y ojos brillantes. Todo lo que pude decir fue: 'Señor, bienvenido, Señor'. Y me incliné, no por sumisión, sino por honor y respeto. Mi mente se llenó de asociaciones mientras intentaba relacionar a este ser, a este rey hada, con alguna deidad. Al principio pensé: '¿Será Krishna?'. Y él respondió: 'Yo soy yo, Krishna se inspiró en mí'. También consideré si sería Dionisio, pero él volvió a responder: 'Yo soy yo, él se inspiró en mí'. Finalmente, recordé al dios pavo real, conocido como Lucifer en la tradición Feri de Anderson. Y él afirmó: 'Yo soy yo, él está inspirado en mí'".*

Considero que este es el modus operandi del Oscuro: no se trata de formas fijas, sino de trascender la necesidad de clasificar de manera tan científica. Creo que esta idea se alinea con la energía del embaucador, que también alimenta este arquetipo. Ayer, conversando con un cliente sobre arquetipos, reflexionaba sobre lo que Jung realmente quiso decir al describirlos. No creo que los viera como entidades estáticas y psicologizadas, como a menudo se los representa. Si leemos el Libro rojo, advertimos que Jung trabajaba con entidades. Los arquetipos, en mi opinión, fueron su intento de comprender la esencia subyacente de diversas deidades y fuerzas que trascienden culturas. Una de las cosas que más aprecio del trabajo sobre visiones de hadas es que aquellas como el guardián o el ancestro representan formas y fuerzas arquetípicas. No son deidades estáticas, pero son inteligencias conscientes que interactúan con nosotros, incluso antes de las prácticas devocionales más formales. Esta interacción nos desafía a desprendernos de ciertas estructuras mentales para poder conectarnos con ellas, de ahí las advertencias tradicionales sobre el trabajo con las hadas.

Darragh Mason: *¿Qué opinas del contacto generacional?*

Megan Rose: *Algo que él me ha mostrado es que ha estado vinculado a esta línea matriarcal particular que he arrastrado por generaciones. Estoy trabajando para reconectar con esa corriente de sabiduría ancestral. Al principio, realicé un profundo trabajo de sanación para eliminar los años de* *negligencia acumulados en mi linaje femenino, cuando mis antepasadas dejaron de cultivar esa conexión. Creo que estas fuerzas trascendentales no nos perciben de manera individual, sino que ven más bien el hilo de nuestra ascendencia. Cada uno de nosotros es como una cuenta ensartada en ese hilo, pero ellas miran el hilo, no necesariamente las cuentas individuales. No están limitadas por nuestras nociones de tiempo y espacio. Ven ese hilo y su continuidad y, si se ha interrumpido, es nuestra responsabilidad repararlo reestableciendo una relación adecuada con ellas.*

Megan Rose plantea un punto crucial que quizá sea la clave para desentrañar el misterio de nuestras interacciones con el Hombre Oscuro. A menudo me he preguntado si nos percibe de manera similar a como se presenta a sí mismo. Si sus múltiples nombres y formas son manifestaciones de una misma esencia –y creo que lo son–, entonces es posible que nos vea como puntos conectados de un mismo linaje, no como individuos aislados, sino como un todo. Es decir, que nos perciba como una expresión de una energía familiar en nuestro presente, enredada con nuestros ancestros y descendientes. Este desafío pone a prueba no solo nuestra percepción del tiempo, sino también nuestra concepción de la separación que nos distancia de todos los miembros de nuestro linaje. Representa un llamado a cuestionar nuestra desconexión de la naturaleza de manera muy personal e inmediata. Si el Hombre Oscuro interactúa con los nodos clave ancestrales y descendientes de nuestras líneas familiares de forma simultánea, entonces tenemos una responsabilidad ineludible hacia nuestros antepasados, nuestros contemporáneos y nuestras futuras generaciones. Nuestras acciones repercuten en todo nuestro linaje, no solo en nosotros mismos. Quizá no lleguemos a experimentar los beneficios de este trabajo, pero podemos encontrar consuelo en la idea de que nuestros descendientes o antepasados sí lo harán.

En 2015 tuve un sueño vívido en el que volaba hacia Glastonbury Tor y aterrizaba en un espino. Me envolví en sus ramas y sentí cómo el árbol me hacía el amor. Fue después de este sueño que mi amado del reino de las hadas me reveló su nombre: Gwyn. Cuando compartí esta experiencia con Orion Foxwood, mi mentor en Faery Seership, *me sorprendió con una revelación: "¿Sabes que ese árbol existe en realidad?", me preguntó. ¡Ignoraba por completo ese detalle! Orion me explicó que en la ladera de Glastonbury Tor hay un espino sagrado y, junto a él, una gran piedra que, según la leyenda, representa el testículo de Gwyn en el mundo terrenal. Asimismo, existe la creencia de que hay otra piedra gemela, su otro testículo, en el inframundo. Este espino constituye un acceso fundamental al reino de las hadas de Gwyn ap Nudd. Así, cuando recibí ese nombre y tuve ese sueño tan vívido, sentí una confirmación poderosa. En 2016 peregriné al Tor y experimenté una conexión profunda con el árbol, experiencia que detallo en mi libro. Posteriormente, en 2018, descubrí la obra del estudioso de cultura celta Danu Forest sobre Gwyn ap Nudd. La información contenida en ese libro corroboró todo lo que mi amado del reino de las hadas me había revelado a lo largo de los años, brindándome una confirmación tras otra de nuestro vínculo.*

El Tor, como sabemos, está vinculado de manera tangible al Hombre Oscuro. Una vez más, vemos cómo el folclor se entrelaza directamente con la experiencia individual. Visité el Tor para documentar un ritual mágico cuatro semanas antes de tener una visión sobrecogedora de él, en forma angelical. Aunque no puedo afirmarlo con certeza, es posible que exista una conexión entre ambos sucesos. Lo que sí sé es que esa visión transformó por completo mi perspectiva. Fue mi momento de apocalipsis ontológico.

Darragh Mason: *Mucho de esto puede resultar aterrador.*

Megan Rose: *Absolutamente, pero ya sabes, eso es parte de la experiencia iniciática: el terror. Uno debe pasar por la deconstrucción, el desmembramiento, la disolución. Sin embargo, muchas personas no pueden superar ese miedo. Dicen: "¡Oh, no, el Hombre Oscuro es peligroso!" o "¡No, no, da miedo! No lo hagas. Encontrarás monstruos". Bueno, los seres* *humanos también pueden ser peligrosos, ¿verdad? Cometemos actos monstruosos. Pero eso no significa que rechacemos a toda la humanidad. El guardián que inicialmente bloquea nuestra entrada al inframundo y parece aterrador al principio, si es abordado adecuadamente puede convertirse en el amoroso guía que nos conduce con seguridad a través de los reinos de otro mundo. Creo que el Hombre Oscuro nos deshace, nos ayuda a desmantelar estructuras que ya no necesitamos, que necesitamos compostar, por así decirlo, para poder acercarnos más en nuestro verdadero ser. Y, si no estás preparado o si no respetas su potencia, puede ser demoledor. Pero también creo que es en nuestras profundidades donde encontramos nuestro poder, nuestra magia, nuestra sabiduría. Por eso abogo por desarrollar la visión nocturna. Busca un terapeuta transpersonal, un entrenador de profundidad, un guía espiritual o una tradición que te ayude a navegar por el inframundo, ¡y sal a explorar las cavernas de tu alma!*

12
Orion Foxwood, el Jinete Oscuro y las encrucijadas

Orion Foxwood es un Maestro Sagrado de la Brujería Tradicional y hechicero de los ritos de los Apalaches del Sur. Como sumo sacerdote de la Wicca Alejandrina, se dedica a la enseñanza de *Faery Seership* y la magia cocreativa. Reconocido conferenciante y autor, ha impartido talleres y organizado giras mágicas por Estados Unidos y el Reino Unido durante casi tres décadas.

Nacido con la capacidad de percibir el mundo espiritual, Foxwood ha dedicado su vida a explorar la magia y la sacralidad de la naturaleza. Es fundador y director de House of Brigh, organización que ofrece un programa integral de aprendizaje en la tradición Faery Seership, capacitación en curación ancestral con la "técnica del río de sangre" y sesiones de entrenamiento en las prácticas mágicas y de sanación basadas en la tradición de las hadas. Es maestro de magia tradicional, prácticas de clarividencia y folclor de su cultura nativa, asentada en el valle de Shenandoah, en Virginia. Su práctica incluye las enseñanzas y los métodos de sus ancestros y mentores posteriores en la vida, así como el material que desarrolló con su esposa-espíritu, Brigh. Actualmente reside en Maryland.

La comprensión de Orion respecto del espíritu de las encrucijadas y la magia de esos espacios, así como sus experiencias con ellos tienen origen, primero, en su cultura tradicional, luego en la brujería que aprendió de sus mayores y maestros, así como de su trabajo con las prácticas contemporáneas y tradicionales en los rituales de las hadas. Sugiere que una comprensión profunda de este espíritu y de su magia se logra al combinar la sabiduría popular, las enseñanzas recibidas y la experiencia directa. Es decir, al unir el conocimiento teórico con la práctica repetida. Sin embargo, como en cualquier disciplina, ver es comprender, pero hacer es dominar. Y es precisamente este dominio lo que ofrece compartir en esta entrevista.

◆ ◆ ◆

Orion Foxwood

La mayor parte de lo que puedo compartir con ustedes se refiere al Jinete Oscuro,, como lo llamaban mi madre y otros veteranos del valle de Shenandoah, y como ahora lo llamo yo. Solo puedo transmitirles el conocimiento que he adquirido, una sabiduría popular sencilla pero poderosa sobre un espíritu real, temido y venerado por la gente de las colinas, los mineros, los hortelanos, los granjeros y todos aquellos que viven cerca de la tierra antigua, los campos de batalla y aquellos lugares a menudo olvidados, pero que aún sienten su presencia y recuerdan cómo coexistir con él.

El Jinete Oscuro habita en la tierra de los espíritus, en ese espacio liminal donde se entremezclan los mundos. Allí convive con los themfolk (también conocidos como hadas), las damas grises, los perros del diablo, los jinetes brujos y una infinidad de otras entidades conocidas por los veteranos e invocadas por brujas, chamanes, videntes y trabajadores espirituales. Estas entidades no son simples creencias; son influencias tangibles que nuestros antepasados experimentaron y que cohabitan con nosotros, como vecinos invisibles o parientes lejanos. Son seres potentes, a menudo impredecibles, que pueden manifestarse con invitación o sin ella y que siguen sus propias reglas. En resumen, no "creemos" en el Jinete Oscuro, así como tampoco "creemos" en el aire. Ambos son realidades invisibles, pero no por ello menos peligrosas de ignorar.

En mi opinión, el Jinete Oscuro es uno de los espíritus más antiguos y fuertes que conozco. Se lo conoce por muchos nombres en los Apalaches y en el sur de Estados Unidos: Hombre Oscuro, demonio, papá y hechicero, por nombrar solo algunos. Así, es un placer para mí hablar de él, de sus formas y poderes. Especialmente en este momento en que nuestro mundo se encuentra en la encrucijada del cambio, o en el cuerpo de un dios, concepto que explicaré más adelante. La información debe presentarse en un orden lógico para que se desarrolle correctamente. También compartiré elementos de la tradición de hadas y brujería que he estudiado, así como conocimientos que se me han revelado. En la tradición de las hadas que enseño, él es conocido como el guardián, y en la tradición de brujería es el cornudo, Ole-Horney, el Hombre Oscuro, etc. En ambas prácticas es representado con cuernos (a diferencia del Jinete Oscuro, que no los tiene). Estos seres son de gran estatura, a menudo están acompañados de sabuesos, con un rostro sombrío y ojos que brillan intensamente. Un cuerno simboliza el pasado, y otro el futuro, y a menudo aparecen cruzados. Si se lleva la marca del brujo o se tiene sangre de brujo, los dos cuernos abren el camino oculto, que es el acre encantado y el camino gris, al cual suelo llamar betwixt and between *(ni lo uno ni lo otro).*

El Jinete Oscuro, en cambio, no suele tener una gran estatura. A veces aparece como una figura oscura, incluso como una sombra viviente. Otras veces se manifiesta como una especie de abuelo que camina con un bastón, cantando o silbando. Se lo denomina el Jinete Oscuro debido a que monta un caballo negro. Permítanme añadir un detalle más sobre esta entidad. Puede adoptar formas menos convencionales. Les daré un par de ejemplos. En una ocasión, impartí un taller en el Folk Magic Festival de Nueva Orleans, un evento anual organizado por un grupo de practicantes de la magia folclórica conocido como Conjure-Crossroads, del cual fui cofundador. Durante el taller compartí conocimientos y prácticas para preparar ofrendas monetarias en encrucijadas. Una de las asistentes, una respetada bruja y escritora, llevó a cabo este ritual en una encrucijada del Barrio Francés. Tras realizar la ofrenda, un hombre oscuro, vestido con un sombrero de copa y montado en una motocicleta negra, cruzó la intersección y simplemente dijo: "Bendita seas", antes de continuar su camino. Era el jinete en otra forma, y la motocicleta era su caballo. En otro acto en el que impartía clases en el sur de California, fuimos a la encrucijada de un viejo pueblo fantasma. Los asistentes hicieron su ofrenda de tres monedas de diez centavos de mercurio, como las llamamos los que trabajamos con conjuros (el nombre real es moneda de diez centavos con "cabeza de libertad"), y una pequeña taza de whisky Crown o ron. Mientras realizaban la ofrenda y llamábamos a la puerta oscura (el centro de la encrucijada), les expliqué que podrían sentir u oír algo extraño, fuera de lugar o perturbador. En cuanto esas palabras salieron de mi boca, las típicas brisas frías subieron por los cuatro caminos y los teléfonos móviles de uno de los asistentes sonaron con el tono de una motocicleta acelerando. No había señal telefónica donde estábamos y, además, en la pantalla del teléfono se leía simplemente "número desconocido"; él no tenía ese tono en su teléfono y nos aseguró que este estaba apagado desde mucho antes del taller. El jinete tiene muchas formas de demostrar su presencia. Ahora, volvamos a los cornudos.

Los cuernos y las astas poseen significados y poderes más profundos de lo que la mayoría de los contemporáneos comprenden. En las tradiciones más antiguas se los consideraba sagrados. Por ejemplo, en la tradición de las hadas, el ciervo hacía de psicopompo entre los mundos, un guía espiritual que acompañaba a las almas en su tránsito. Es por eso que, con frecuencia, se representaba a algunas hadas montadas o cabalgando sobre ciervos. La costumbre de montar a caballo, creo, es posterior. El ciervo fue el primer corcel. Existe una idea arraigada sobre la presencia sagrada de los animales cornudos en la vida de nuestros antepasados. Su piel y su carne eran esenciales para sobrevivir durante los inviernos más rigurosos, situándolos así en el umbral entre la vida y la muerte en los momentos más críticos. Los cuernos, además, servían como puente entre el mundo visible y el invisible, conectando con los reinos intermedios. Sea cual fuere el nombre que se le atribuya, el espíritu de la encrucijada es una entidad liminal, no humana, que puede surgir de los vientos embrujados, desplazándose entre diferentes planos existenciales. Estas percepciones pueden generar temor en algunos, pero también inspirar una deliciosa sensación de escalofrío en otros, como tú y como yo.

El hecho es que el Jinete Oscuro siempre aparece, ya sea con cuernos que arañan el camino o disfrazado del embaucador, que te engañará con los trucos que yacen en tu corazón hasta que veas la verdad. Su llegada suele ir precedida de aullidos, ladridos, silencios nocturnos, vientos fríos y aromas característicos: tabaco, whisky, almizcle, colonia Hoyt's, ron o café. Te sacude, te conmueve y te invita a la reflexión. No cabe duda de su autenticidad. Cuando se acerca, sientes su mirada penetrando en tu alma, más allá de las apariencias y las falsedades. Ve tu intención real, no solo tus palabras. De hecho, te conoce desde antes y su mirada indaga en tu interior, donde reside tu deseo más profundo. Esta es la fuerza que impulsa tu voluntad, la verdadera razón por la que estás ahí, en la encrucijada, enfrentando tus miedos y esperanzas, tu humildad y tu verdad.

La llegada del Jinete Oscuro puede hacerte sentir desorientado, como si estuvieras dando vueltas, mareado y desequilibrado; es posible que incluso derrames lágrimas u orina. Te encuentras entonces en un limbo entre la certeza y la duda, la realidad y la ilusión, el asombro y el temor, entre lo humano y lo desconocido. Es posible que, por un momento, sientas pánico y olvides dónde estás y por qué has venido. ¿Has experimentado esa sensación alguna vez? Creo que es saludable para los seres humanos sentirnos, en ocasiones, intimidados, humildes e incluso inocentes como niños. Es una experiencia que todos deberíamos vivir, puesto que fomenta la humildad, el asombro y la gratitud. Lo comparo con la sensación que tuve al encontrarme al borde de la caldera del monte Kilauea, el volcán activo de la gran isla de Hawái. Me sentí pequeño e insignificante ante tal inmensidad. Sin embargo, también experimenté una profunda sensación de privilegio. A los verdaderos brujos esta sensación de estar en un "estado intermedio", con un pie en el mundo humano y otro en el mundo espiritual, un mundo invisible pero palpable, nos llena de energía. Es un estado tan inmenso y omnipresente que nos distingue de los demás. Por eso se dice que los brujos no son del todo humanos.

Hablemos ahora un poco más sobre mis raíces y mi relación más temprana con el Jinete Oscuro. Soy originario del valle de Shenandoah, donde las montañas Blue Ridge se adentran en el valle, justo en el punto donde los Apalaches occidentales se funden con la cultura del sur de Virginia. La cultura de los Apalaches, con sus raíces celtas, alemanas, escocesas e irlandesas, se entrelaza con la del sur de Virginia, marcada por influencias folclóricas inglesas y la profunda huella de África, legado del comercio transatlántico de esclavos. Honro a los antepasados de todas estas raíces, reconociendo los horrores de la esclavitud y rindiendo tributo a la fuente de muchos de los componentes de mi conjuro.

Mi madre nació el 2 de enero de 1934 en una cabaña de esclavos de una plantación. Curiosamente, la fecha de su nacimiento, que en el formato anglosajón se escribe 1/2/34, forma una secuencia numérica. Su partera, a quien llamaban granny woman ("abuela curandera") en las colinas, era una esclava liberada. Tanto la Abuela curandera como su madre obtuvieron la libertad cuando aquella tenía alrededor de cinco años. Fue la Abuela curandera quien narró a mi madre las leyendas sobre el Jinete Oscuro. Mi madre la veneraba como una santa. Durante las visitas a la Abuela curandera, todos los niños debíamos estar impecables: limpios, bien peinados y con un comportamiento ejemplar. Ni ella ni mi madre se adscribían a ninguna religión organizada. Se consideraban cristianas, pero seguían una forma de cristianismo popular. Nunca me atreví a calificarlas de trabajadoras espirituales o brujas. Ellas simplemente poseían conocimientos prácticos para alcanzar sus objetivos. Así pues, comparto contigo un poco del conocimiento respecto de mis ancestros y los numerosos trabajadores que me antecedieron y que hoy caminan a mi lado: los visibles, los invisibles y los que están en el umbral entre ambos. El Jinete Oscuro se manifiesta cuando se lo invoca, pero también puede aparecer inesperadamente, en cualquier *momento y lugar, si así lo desea. Antes de acudir al Jinete Oscuro, debes purificar tu espíritu. Báñate con una mezcla de vinagre, café, amoniaco o un poco de tu orina y zumo de limón. Sécate con una toalla blanca limpia o al aire libre. Además, te recomiendo ungirte con aceite de hisopo o té. Si tienes la posibilidad, vístete con prendas de color rojo, blanco y negro; le agrada que te arregles para él. Dirígete a su encuentro a las tres de la mañana de un miércoles, la hora de los brujos. A esa hora, tanto la luz como la oscuridad pierden intensidad, dando paso a la sombra. Es un momento liminal, suspendido entre los latidos de la creación. El miércoles a las tres de la madrugada es el momento ideal para despertar tu deseo más profundo, conectar con tu ser auténtico y adentrarte en un camino ancestral hacia una fuerza que te conoce mejor que tú mismo. Puedes llegar a las tres en punto o iniciar tu camino hacia la encrucijada a esa hora, pero procura concluir el ritual antes de las cuatro y media de la madrugada. Regresa justo antes de que el sol asome en el horizonte.*

La importancia simbólica del ciervo en la tradición de Orion resulta especialmente significativa. Con frecuencia, el ciervo se presenta como una figura intermedia, ideal para encarnar tanto al diablo como a las hadas. Isobel Gowdie describió cómo copuló con el Hombre Oscuro mientras este tomaba la forma de un ciervo. Desde el Hechicero de la cueva de Trois-Frères hasta Baphomet, espíritus cornudos han sido figuras recurrentes a lo largo de la historia.

Existe un misterio poco conocido sobre las encrucijadas, arraigado en la tradición oral: no todas son iguales. Se dice que las más antiguas, aquellas construidas durante la época colonial, siguiendo las rutas comerciales de los nativos americanos, poseen un poder especial. Estas rutas, a su vez, se trazaban siguiendo los patrones migratorios de los animales, los cuales obedecían las leyes magnéticas de la Tierra. De este modo, las viejas encrucijadas se convirtieron en caminos sagrados, senderos de hadas y lechos de poder por donde fluye la energía cósmica. En estos lugares es posible sentir cómo la energía estelar desciende a la Tierra, asciende hacia el horizonte y vuelve a su origen, creando un flujo constante de poder. Trabajar con estas encrucijadas es uno de los secretos más antiguos y poderosos de esta tradición.

Cuando esas líneas se cruzan, se forma un "pozo de poder" en el centro. Ese es el punto de poder donde las corrientes magnéticas y eléctricas, que dan y toman energía, permiten que los mundos respiren. El movimiento mercurial de estas corrientes es lo que constituye el caballo del Jinete Oscuro. En este punto, todo se vuelve difuso; nada es fijo ni está delimitado, sino que fluye en una ondulación serpenteante entre la existencia y la nada. Es la encrucijada más poderosa de todas, pues no pertenece ni al cielo, ni al infierno, ni a la tierra. Se encuentra entre ellos, y el lugar más poderoso es aquel donde un puente cruza un cuerpo de agua, ya que estás en el aire, fuera de la tierra y sobre el agua. Además de estos lugares, los senderos por los que migran los animales en los bosques son también excelentes puntos de poder.

Entonces he aprendido que cuando participas en ese ritual, te encuentras en el cuerpo del Jinete Oscuro. Cada vez que te hallas ante una encrucijada en la vida, un momento de decisión crucial, estás en el cuerpo de una deidad. La gente suele decir: "Estoy en una encrucijada en mi vida ahora mismo", y lo que en realidad quieren decir es que se sienten en un estado de ambivalencia. Ven el futuro transformado, el pasado resuelto o no resuelto, y perciben o no las opciones que tienen ante sí. Sin embargo, saben que deben cambiar. Se sienten convocados por una fuerza divina, una insatisfacción profunda o una paradoja ancestral. En ese instante ocupan el lugar del Señor del Umbral. A menudo, la gente cree erróneamente que los seres están limitados a un lugar específico. Yo sostengo que cada Jinete Oscuro en cada encrucijada es una célula de un organismo mayor. Del mismo modo, nosotros somos células de entidades más grandes, como todo lo que existe. Por lo tanto, cada vez que te encuentres en una encrucijada, detente y concéntrate en la presencia del Jinete Oscuro. Allí lo sentirás con mayor intensidad. En ese momento puedes hacer una ofrenda. Esto es algo que mucha gente desconoce. Cuando me encuentro en una encrucijada, siento una mezcla de miedo, confusión y excitación. Con independencia de dónde esté, me inclino y golpeo el suelo tres veces; y entonces el Jinete Oscuro abre el camino. Luego, giro tres veces en sentido contrario a las agujas del reloj para conectar con el mundo espiritual y alejarme del mundo material. Finalmente, realizo una ofrenda en ese lugar sagrado. Recuerda que una encrucijada puede ser cualquier momento de transición: pasado, presente o futuro, donde diferentes caminos se entrecruzan.

Las encrucijadas físicas son los puntos donde aprovechamos la energía geomántica. En las prácticas de las hadas, esta energía se siente con especial intensidad. Los reyes de las hadas actúan como poderosos umbrales, custodiando la entrada al inframundo. A diferencia de los colonizadores humanos, las reinas de las hadas son el espíritu agregado del lugar, encarnando la red completa del ecosistema o subsuelo. Los reyes, por su parte, son el umbral que se abre y se cierra, representando tanto los misterios del todo como los de la parte. Cuando visito una encrucijada, sigo las tradiciones con las que crecí. Mi madre y mi abuela me hablaron del Jinete Oscuro. Mi abuela, especialmente, me advirtió: "Él es el diablo. Aléjate de él". Sin embargo, esa advertencia siempre significó que había un gran poder en ese lugar. ¡Era como decir: "Mantén tus manos fuera de ese tarro de galletas"!

Los acontecimientos clave del ciclo feniano se desarrollan en un contexto natural. Presumiblemente, los ciervos y jabalíes viajan o son cazados a lo largo de rutas migratorias similares a los caminos que conforman las encrucijadas de Norteamérica. La naturaleza responde a su presencia. Cuando Fionn cruza una frontera, su destino se transforma en el proceso. El mundo salvaje se reincorpora al mundo humano y la historia avanza. Es dentro de las murallas del fuerte de Fionn donde Sadhbh adquiere una hermosa forma humana y se enamoran. Sin embargo, al abandonar la fortaleza, ella retoma su forma de cierva, más acorde con su naturaleza inteligente y ágil, más adaptada a los bosques y montañas que la postura erguida del ser humano.

El cuerpo mixto del Hechicero de Trois-Frères nos recuerda la capacidad del diablo para transitar entre todos los mundos. Su cuerpo, suspendido entre dos realidades, evoca la cueva de Trois-Frères como un umbral entre nuestro mundo y el más allá.

En mi tierra, el camino hacia la encrucijada embrujada suele estar habitado por otros espíritus, como las Damas Grises, figuras espectrales que se manifiestan como ancianas caminando por el sendero, especialmente durante la noche. Es fundamental evitarlas y, sobre todo, no permitir que te toquen, pues eso significaría tu muerte. He oído innumerables relatos sobre ellas y, de hecho, las he avistado en múltiples ocasiones mientras me dirigía a la encrucijada. Así pues, si decides emprender ese camino, ten cuidado y mantente alerta. Otro ser sobrenatural que puede aparecer es lo que algunos llaman "Jesús en el camino" o, como lo denomina un amigo, "Jesús autoestopista". No es una broma. A mí me sucedió una vez, y muchos trabajadores espirituales aseguran haber experimentado algo similar. Se sienten acompañados por una presencia celestial, como una hueste angelical, mientras llevan su corazón hacia la encrucijada. Muchos de los viejos predicadores son lo que llamamos predicadores bicéfalos: trabajan en el púlpito de día y como conjuradores de noche. A veces sentirás que caminan contigo. He escuchado a este tipo de espíritus. Recuerdo que una vez uno me dijo: "¿Qué buscas, hijo mío?". Y me sentí algo humillado, ya que todavía estaba un poco más empapado en el cristianismo popular, con el que crecí, que es muy diferente del cristianismo regular. Recuerdo haber dicho: "Jesús, ¿eres tú?". Y solo respondió: "Si es así como quieres llamarme". Todo lo que hacen es aconsejarte mientras caminas, para que puedas asegurarte de que tu corazón esté limpio. No sé si se manifiestan a todo el mundo, pero mis ancestros lo llaman Jesús junto al camino o Jesús en el camino. Si vas a la encrucijada, el encuentro con este personaje ya ha comenzado. Mientras digo esto puedo sentir a los antepasados con mucha fuerza, porque nunca caminas solo. Mientras caminas hacia la encrucijada, todos los que alguna vez la recorrieron están caminando contigo de de cierta forma. Todos aquellos que llevan tu sangre y conocen este camino, lo recorren a tu lado. Y siempre me enseñaron que el poder se reúne en ese lugar. La magia no comienza en la encrucijada, sino con la llamada a la encrucijada. En muchos sentidos, el cuerpo de la encrucijada va armándose a lo largo del camino que nos lleva a ella. Por eso muchos trabajadores espirituales dicen: "Límpiate y purifica tu corazón antes de ir allí". Porque también puede ser un espejo que reflejará el contenido de tu corazón.

La primera vez que fui a una encrucijada, recuerdo que me dieron una paliza en el trasero, pues apenas tenía unos siete años. No, era mayor. Tenía cerca de diez años, creo. Recuerdo que le pregunté a mi madre si podía ir, pero yo era muy bromista. Ella me dijo que no, que nunca fuera. La Abuela curandera me había hablado de ello y yo quería ir. Pero mamá dijo: "Absolutamente no. ¡No, no tienes edad! Aléjate del diablo. ¡Ve a la iglesia!" Así que decidí irme con el diablo. Me escabullí. Fui a buscar galletas para llevarle. ¿Qué otra cosa podría llevar un niño pequeño, ¿verdad? Y la verdad es que, para el Jinete Oscuro, eso era oro, oro puro, porque era un obsequio sincero. Y sabía justo la encrucijada a la que me dirigía. Era un pequeño paseo, pero no uno que un niño debiera hacer tan tarde por la noche. Me asusté mucho durante todo el camino. Cuando llegué y miré a mi alrededor, te juro que todavía puedo sentir esa sensación, incluso mientras hablo contigo, era como si el mundo entero se hubiera quedado en silencio. Como si todo estuviera esperando.

Sabía que había que llamar, así que lo hice y dije: "Señor Jinete Oscuro, no me haga daño, pero realmente quiero verlo. No tenga miedo". Alrededor se oían búhos, pájaros de dulce canto, cigarras y grillos, todos esos hermosos sonidos nocturnos. Y entonces, las luciérnagas comenzaron a brillar intensamente. En retrospectiva, creo que él hizo todo eso para este valiente niño. Me incliné, muy humilde, como la Abuela curandera me había enseñado. Ella decía: "Tienes que ser muy humilde. No puedes ir allí pensando que vas a dar lecciones de nada. No puedes ir allí ocultando nada". Y añadía: "Solo expón tu corazón con honestidad. Si lo haces, tendrás al ángel más brillante del cielo". Así es como se refieren a Lucifer: el ángel más brillante del cielo. Así que me incliné y llamé, con todas mis ofrendas listas y mis tres monedas de diez centavos de mercurio. ¿Las conoces? Creo que en realidad se llaman cabezas de libertad. Intenta conseguir una acuñada en un año bisiesto, dicen que son las que dan más suerte. Se le hace un pequeño agujero y se pasa un hilo, para colgarla del tobillo del pie con el que te levantas de la cama. Es realmente poderosa. Y si la llevas a una encrucijada, nada malo te sucederá.

Llamé y lo escuché acercarse, montado en un caballo negro. Según nuestra tradición, suele llegar en un caballo negro. Generalmente, no se le ve el rostro, y es un hombre imponente. Suele ser difícil distinguir su vestimenta, pero parece llevar un abrigo o una capa que se funde con la noche misma. Está hecho de la tela de la noche. Toqué. En la práctica que aprendí, tocar conecta. Canté: "Toca la puerta del Oscuro. Todo sigue igual. Por tierra, agua, viento y fuego, invoca la magia en nombre del viejo". Me agaché, toqué y giré tres veces. Entonces lo escuché. Primero, el viento sopló con fuerza desde los cuatro puntos cardinales, y sentí un escalofrío. ¡Y luego los perros, de todas partes! Ni siquiera sé dónde estaban todos esos perros, pero aullaban como locos. Estaba en un hueco, así que el sonido resonaba. ¡Estaba a punto de orinarme! Oí su respiración. Y luego, ¿sabes cómo se oye un caballo sobre el suelo? Lo oí emerger de la tierra. ¡Vaya! Fue difícil mantenerme firme siendo tan pequeño. Y entonces todo se detuvo. ¿Qué vi? Nunca lo supe con certeza, pero recuerdo una mano posándose en mi hombro. Fue como si todo mi miedo se disipara al instante. Sentí la mano. No quería mirar. Si alguna vez has conocido a un médico con tacto, de esos que ya casi no quedan, entenderás. Tienen el poder de hacerte sentir seguro solo con una mirada o una mano en el hombro. Y así me sentí. Oí claro como el cristal: "Hijo mío, ¿qué hace un niño pequeño en la encrucijada a estas horas?". Años después intenté explicarle a mamá lo que había percibido: "Fue como oír las voces de papá, del abuelo, del tío Charles, todas a la vez". Lo curioso es que reconocía los tonos, incluso el de mi hermano. Era como oír la voz de todos los hombres que amé y admiré en mi vida. Se convirtió justo en lo que necesitaba, pues mi corazón era sincero. En ese momento solo se me ocurrió pedir, porque había mucha violencia en casa y venimos de los apalaches: "Tengo tanto miedo de que mis padres se lastimen, por favor, suaviza sus corazones". Lo recuerdo como si fuera ayer, era tan dulce. Y ya sabes, donde crecí, las noches de verano tienen sonidos y aromas increíbles. Uno de ellos es la madreselva. De repente, juraría que había un aroma dulcísimo a madreselva en el aire. Lo que sentí fue una caricia en el corazón como nunca había sentido en mi vida, me emociono con solo recordarlo. Creo que no solo ayudó a mi familia, sino que también sanó mi alma. Mi experiencia con el Jinete Oscuro me enseñó que puede humillarte, pero también elevarte. Todo depende de lo que lleves en el corazón. ¡Vamos ensamblando su cuerpo mientras llegamos a la encrucijada! He descubierto que todo lo relacionado con él gira en torno a la elección, en el sentido de que nosotros mismos creamos el contenido de nuestro corazón. Y aún hoy, cuando trabajo en las encrucijadas, ya sabes, en esos momentos en que sientes que todo ha terminado, de repente lo siento alejarse.

El relato de Orion sobre su encuentro con el Jinete Oscuro es realmente profundo. Su descripción de la voz coincide perfectamente con mi experiencia. Era como oír la voz de todos los hombres importantes de mi vida al mismo tiempo. La reconocía, pero era nueva, sin acento perceptible. Un timbre claro y rico que no se percibía como un sonido externo, sino como una sensación interna.

A veces llega de formas inesperadas. Cuando trabajas con tradiciones mágicas ancestrales —estamos hablando de animismo puro— no vemos las cosas como símbolos. Las vemos como son, ¿cierto? Por ejemplo, acudes a la reina oscura del inframundo y te da una manzana. No digas: "Oh, debe simbolizar la sabiduría". ¡Es una manzana! No siempre podemos buscar significados simbólicos, eso es muy antropocéntrico.

Son seres vivos, poderosos y antiguos. Vienen como vienen. O, como dijo un ministro cristiano de Tampa al que escuché una vez: "¿Quién soy yo para decirle a Dios cómo entrar en la habitación?". Esa es una de las afirmaciones más sabias que he oído. Nos aferramos demasiado a una visión antropocéntrica y necesitamos experiencias que nos sacudan. Que nos hagan ver que hay fuerzas más antiguas y poderosas que nosotros y que, por suerte, se preocupan por nosotros.

Los ancestros solían contar historias escalofriantes sobre las encrucijadas para disuadir a los curiosos y proteger estos lugares. Menos gente significaba mayor seguridad. Además, recordemos que muchas de estas prácticas surgieron en épocas en las que podías ser perseguido por brujería o cualquier otra acusación. En el caso de las encrucijadas de Norteamérica, no estoy seguro si la situación sigue siendo la misma, pero durante la época colonial y la Reforma, hasta principios del siglo xx, estas áreas no pertenecían a nadie. Debían permanecer accesibles a todos, lo que las convertía en lugares ambiguos, sin dueño definido.

13
Peter Grey y Alkistis Dimech

Peter Grey y Alkistis Dimech son los fundadores de Scarlet Imprint, una importante editorial independiente que publica obras sobre magia, esoterismo y ocultismo.

Peter es el autor de *The Red Goddess* (2007), obra que revivió el interés en la diosa Babalon. Su *Apocalyptic Witchcraft* (2013) se considera, con justa razón, el texto más influyente sobre brujería en la actualidad. Peter sitúa la brujería en el contexto mitopoético del aquelarre y en un mundo al borde del colapso ecológico. En *Lucifer: Princeps* (2015) explora los orígenes de Lucifer. Sus escritos, junto con los de Alkistis, se recopilan en *The Brazen Vessel* (2019). Su obra más reciente, *The Two Antichrists* (2021), profundiza en los trabajos de Jack Parsons sobre el anticristo. Alkistis, por su parte, es una artista, bailarina-coreógrafa y escritora que indaga en las dimensiones ocultas del cuerpo carnal y su anatomía sutil. Su arte y su práctica se basan en el *ankoku butô*, una forma de danza-teatro japonesa que cultiva desde 2002. Ha actuado en solitario y colaborado con músicos y artistas de Europa, Estados Unidos y el Reino Unido. Asimismo, ha impartido talleres y conferencias sobre su práctica en ambos continentes.

En esta entrevista exploramos las experiencias iniciales provocadas por los encuentros con el Hombre Oscuro. Estas vivencias primigenias pueden generar una tensión con nuestra participación en las plataformas digitales actuales. Esta tensión subraya la importancia de proteger los espacios mentales de nuestra imaginación.

◆ ◆ ◆

Darragh Mason: *Una de las ideas más recurrentes que encontré al investigar fue la del "vientre oscuro", un estanque dentro de una cueva que aparecía constantemente. Profundizando en las figuras animales humanas del arte rupestre, llegué al Hechicero de Trois-Frères. Este concepto coincide con lo descrito en* Apocalyptic Witchcraft, *donde se menciona un arte similar. En la confesión de Isobel Gowdie, ella describe al Hombre Oscuro con la forma de un ciervo o un perro, lo cual, en mi interpretación, representa una realidad no dualista, que abarca todos los aspectos de la naturaleza. Esta no dualidad se refleja en otra metáfora: el Hombre Oscuro como el iluminador, la luz dentro de la oscuridad y viceversa. Es una constante metáfora.*

Leí tu obra y, casualmente, dos días después, en el Museo Británico, encontré un libro sobre monstruos folclóricos. Al abrirlo, ¡sorpresa! Estaba justo en la página dedicada al Hechicero. Fue como recibir una señal. Aunque no tenía planeado hablar de figuras que cambian de formas, esas coincidencias me encaminaron por este rumbo. Por eso quería preguntarles sobre esta corriente.

Peter Grey: *Creo que siempre habrá un gran caudal de material preverbal e iletrado que defina esta corriente. Cuando explorábamos y trabajábamos en torno a* Apocalyptic Witchcraft, *también revisamos a fondo material antropológico, remontándonos a las cuevas y estudiando aquellas figuras. Una de las razones por las que tomé este rumbo con* Apocalyptic Witchcraft *es que no me satisfacía la dirección que había tomado el neopaganismo. Parecía haber perdido ese sentido de experiencia primigenia, de esa primera experiencia que mencionas, y que creo que es inherente a la brujería. Es ese aspecto desconcertante, ese encuentro no humano y sin filtros, lo que nos impulsa, creo, a buscar las cuevas. La cueva es el lugar donde inevitablemente buscamos los orígenes primitivos del terror.*

Alkistis Dimech: *Tuve una experiencia en un bosque remoto del norte de Grecia, bajo la luz de la luna llena, donde experimenté un terror antinatural. Una presencia me observaba y la sensación era escalofriante. Creo que tú luchas* con un encuentro similar, con algo que escapa a cualquier explicación o descripción. Este ente, tan escurridizo como una pesadilla, adopta mil formas. Su poder es tal que habita y domina tu imaginación. Por eso, la figura del Hombre Oscuro, como tú la llamas, es tan cambiante y primitiva. Es una sombra que se adapta, un reflejo de nuestros miedos más profundos.

Darragh Mason: Ciertamente, he tenido esa sensación de terror. Creo que forma parte de ello, casi como una parte de la fórmula de la experiencia. Es la prueba. Tienes que pasar por eso antes de llegar a algo más profundo o significativo. Pero utilizamos el lenguaje para intentar captar la inteligencia de algo que está más allá del lenguaje, y eso es una verdadera lucha.

Me costó mucho tiempo adaptarme a lo que estaba sucediendo. Todo culminó en un ritual con dos colegas brujas en Dartmoor, donde nos adentramos en el páramo y lo invocamos. Fue aterrador. Las comunicaciones continuaron llegando durante la meditación y me impulsaron a concentrarme en este libro. Antes de eso, las comunicaciones me habían apartado explícitamente de las redes sociales, un gran desafío considerando que debo promocionar un podcast. Sin embargo, recibí una comunicación directa que me indicaba que debía cerrarlas y desconectarme por completo de ellas.

Peter Grey: En efecto, existe un profundo conflicto entre esta idea y la experiencia neopagana. Cuando participas en un ritual y te sientes acogido, como si hubieras encontrado tu lugar, esa sensación contrasta mucho con la experiencia de lo desconocido, de lo que te desafía. Esta última experiencia, arraigada en la naturaleza, es difícil de recrear en un entorno artificial. Intentar generar esa sensación de desconcierto y transformación en un salón es complicado. No lograremos ese impacto, esa percepción de haber cambiado nuestro lugar en el mundo.

Alkistis Dimech: Las fuerzas que te rodean no son producto de tu imaginación.

Peter Grey: Sí. Has salido a buscarlas y las has encontrado.

Alkistis Dimech: Me intriga mucho que hayas sentido esto tan intensamente al comunicarte con esta inteligencia. Tanto nosotros como Scarlet Imprint estamos *prácticamente desconectados de las redes sociales. La razón es similar: aunque necesitamos cierta visibilidad, este trabajo no permite la exposición constante que caracteriza al esoterismo y al ocultismo actuales. Esta práctica contrasta tanto con lo que ocurre en las redes sociales que me sorprende que tu reacción haya sido la misma. Me hace pensar en la necesidad de distanciarse de las redes. La parte de tu consciencia que resuena con esta voz, este canto, entra en conflicto con la superficialidad y la distracción de las redes. Necesitas beber de un pozo de consciencia más profundo. El capítulo sobre los sueños en* Apocalyptic Witchcraft *apunta justo a esto, a que debemos recuperar nuestro espacio imaginario, llenarlo de riqueza y liberarnos del ruido constante. Me agota pasar mucho tiempo frente a las pantallas, y las redes sociales son las mayores culpables. Hay demasiada información y eso dispersa mis pensamientos. Para este tipo de trabajo espiritual profundo, especialmente con una voz tan compleja, que contiene muchas voces del pasado, no solo humanas sino también animales, necesitamos ir muy adentro y ser muy coherentes. Para oír y comprometernos con esa voz, debemos desconectarnos de las redes sociales. Es la única manera.*

Darragh Mason: *Creo que está muy bien expresado. Volviendo a leer* Apocalyptic Witchcraft *casi una década después, me doy cuenta de que vivimos en un mundo radicalmente distinto, inundado de dispositivos. La tecnología domina nuestra vida tan profundamente que ni siquiera percibimos cuán absortos estamos, hasta el punto de modificar nuestros cuerpos. La ultima vez que conversamos, Alkistis, mencionaste que Peter hablaba de la gente que tiene "cuerpos de oficina", esa postura encorvada sobre el teclado. Es como si experimentáramos una involución física, un deterioro. Hemos hablado de la luz azul y otros problemas de salud, pero lo fundamental es que el contacto con esta inteligencia solo puede hacerse en la naturaleza. Necesitamos salir al mundo para experimentarla. Veo a gente en redes sociales completamente inmersa en ese mundo digital y me pregunto cómo pueden tener una vida espiritual. No juzgo, simplemente no lo comprendo.*

Peter Grey: *Los usuarios del espacio digital no siempre distinguen entre lo real y lo ficticio. No creo que lo hagan a propósito, sino que simplemente no son* *conscientes de las carencias de las redes sociales. Ya hemos tenido suficientes pruebas para demostrar que las interfaces digitales no han mejorado nuestra capacidad para pensar críticamente. Al contrario, han empeorado las cosas. Han aumentado la división, han fragmentado nuestra atención y han desplazado nuestros motivos hacia la búsqueda de aprobación social, lo que es sumamente problemático. La brujería prospera en la oscuridad.*

No cabe duda de que algunas partes de este debate molestarán a quienes piensen que estamos siendo críticos. Pido a esas personas que examinen por qué se sienten así. ¿Cuál es la causa de esa reacción? Esto requiere una reflexión honesta sobre la relación de cada uno con los espacios digitales. Si las redes sociales son parte del trabajo o resultan necesarias para generar ingresos, entonces las plataformas están trabajando para uno, facilitando aspectos necesarios de su vida. Si no es así, estás entregando tu tiempo, tu recurso más preciado, para que los multimillonarios puedan monetizar tus datos. Esto no es novedad. Simplemente, dedicarse al trabajo espiritual se ve inmensamente beneficiado por la proximidad a la naturaleza, ya sea un parque urbano o la ladera de una montaña. La inmersión total en un espacio de medios sociales no lo consigue. Esa es mi experiencia. Es como ir a la playa: si vives en la costa es más fácil que si resides en una ciudad del interior; llegar no es imposible, pero es más difícil y menos probable.

Los espacios salvajes exigen que escuches y que observes. La naturaleza te obliga a utilizar todos los sentidos. La inmersión en las redes sociales te engancha a un ciclo hipnotizante de reacciones performativas e inconscientes. Limitar el tiempo que pasas en los espacios digitales para centrarte en lo que te beneficia es un tremendo acto de amor propio.

Darragh Mason: *Hablando de la naturaleza, en mi trabajo me esfuerzo por dejar claro que es ella la que nos pide que nos concentremos en sus espacios, y cuando lo hacemos nos revela una faceta visceral, con colmillos y garras, pero también con las alegrías de la fecundidad. Es todas estas cosas entrelazadas, y uno puede verlas y entender cómo se comporta el Hombre Oscuro con las brujas escocesas.*

Peter Grey: Hay un elemento de crueldad en ello, que es simplemente el rostro de la naturaleza. Y es muy difícil para la gente moderna apreciar ese aspecto. Es como tomar una pastilla para el dolor: en el momento en que sienten que algún aspecto de su cuerpo existe, inmediatamente buscan sus opiáceos sintéticos. La gente no está acostumbrada a sentir ningún tipo de malestar. No están preparados para ello.

Alkistis Dimech: Creo que la gente vive en un estado casi permanente de irritación, como esperando una ofensa. La disposición a sentirnos ofendidos ante cualquier desacuerdo o desviación de nuestras creencias es cada vez mayor. Este estado hiperreactivo es un producto de la vida moderna, donde la necesidad de mostrarse en línea y de existir digitalmente está desgastando nuestro sistema nervioso. Para calmar este estrés constante, muchos recurren a sustancias como el café cargado o muy azucarado o alimentos procesados, que a la larga solo empeoran el problema.

Peter Grey: Esto es brujería, y la brujería no es para todos. En cualquier cultura, la mayoría de las personas se dedican a las tareas del hogar. Y no hay nada de malo en eso.

Alkistis Dimech: Cada vez más veo que muy pocas personas pueden soportar esa experiencia... decir la verdad. Nadie agradece la sinceridad. Todas estas ideologías pululan, adueñándose de la consciencia de la gente. No creo que muchos hayan experimentado la brujería de la que hablas. No han tenido ese encuentro. Las ideologías los aprisionan. Los espíritus no se comunican así: son más oscuros, oblicuos y ambiguos. La experiencia salvaje —ser capturado por una diosa como Babalon o adentrarse en el páramo nocturno invocando al Hombre Oscuro— trasciende cualquier estructura ideológica, incluso el lenguaje. Es ajena y directa; se siente en el cuerpo. No hay duda. Estas experiencias son muy lejanas para la gente hoy en día.

Peter Grey: Creo que, como resultado, una de las cosas que ocurre cuando trabajas con este tipo de fuerzas es que serás marginado por hacerlo. En parte, hay una marginación de uno mismo. Uno se aleja de ciertas cosas. Una de las reacciones implícitas en realizar este tipo de trabajo y llevar la impronta de haber experimentado la presencia de entidades, es el alejamiento de la gente. Así se crea un grado de distancia necesario.

Alkistis Dimech: *Te sitúa en medio de energías caóticas.*

Peter Grey: *Si compartes esta experiencia con cualquier persona, sin importar su preparación, obtendrás una reacción negativa. No puedes ofrecer esto a quienes no están listos. Es entonces cuando te das cuenta de la inmensa fuerza que aún reside en estas cosas.*

◆ ◆ ◆

La honestidad de Peter y Alkistis sobre estos temas es refrescante e importante. Sus palabras me resonaron mucho después de nuestra conversación, no solo porque fue una oportunidad para compartir mis pensamientos con personas que respeto y que tienen un profundo conocimiento de este tema. Esta conversación demuestra cómo la experiencia del Hombre Oscuro nos impulsa a proteger nuestros espacios imaginarios, a mantener su integridad frente a la invasión de tecnologías y sus consecuencias.

Los brujos siempre han sido marginados y siempre lo serán. Por eso se separaron de las comunidades y vivieron en la periferia de la sociedad humana. No debería sorprendernos que el mismo impulso esté presente en la era digital. Es simplemente la naturaleza de la vocación tradicional de los brujos, una experiencia primordial en el sentido realista. Una que nos lleva de vuelta a la cueva.

14
David Beth, sobre Master Leonard

David Beth nació y se crió en África y vivió en distintas partes del mundo al servicio de los misterios. Fue iniciado como alto sacerdote (Houngan Asogwe) del vudú haitiano en Puerto Príncipe, Haití, y es el heresiarca que preside la Leonard Society, una rama de la brujería dedicada a los misterios telúricos y *ctónicos* que opera dentro de la metacorriente de la gnosis cósmica. David es también cofundador de la editorial esotérica Theion Publishing y ha impartido conferencias y publicado sus escritos a nivel internacional. En esta entrevista, David nos ofrece su visión sobre la naturaleza más profunda de la entidad conocida como Master Leonard, a quien también se le denomina *le Grand Negre* o el Hombre Negro.

◆ ◆ ◆

Darragh Mason: *¿Podrías detallar la relación del Master Leonard (ML) con la brujería tradicional?*

David Beth: *Aunque la Leonar Society ha sido calificada como una rama de la brujería, sus miembros generalmente rechazan esta etiqueta por ser demasiado estrecha y restrictiva. Los brujos leonardianos de la Leonard Society prefieren llamarse a sí mismos Guardia Nocturna o Guardianes de la Noche. Por supuesto, somos conscientes de importantes transmisiones folclóricas del Hombre Negro, como sus asociaciones con el maíz y los demonios del maíz en los territorios de habla alemana, su papel central en los registros de los juicios de brujas y la aparición de Leonard en ciertas* *obras de demonología y demás.* Aunque tomamos nota de estas fuentes y es posible encontrar en ellas fragmentos relacionados con la naturaleza más profunda del Hombre Negro o Master Leonard, dicha información es solo periférica a la experiencia de la sociedad con este demonio. Dado que nuestro trabajo es completamente único en alcance y enfoque, y difícilmente puede agruparse con la mayor parte de lo que se conoce como brujería tradicional o brujería en general, solo puedo hablar de Leonard* en relación con nuestra gnosis.

Darragh Mason: *Te ruego que expliques el papel de Master Leonard en el trabajo que realiza la sociedad que diriges.*

Fig. 8. Ilustración de Master Leonard realizada, por Louis Le Breton
para el *Dictionnaire Infernal*
de Jacques Collin de Plancy, 6ª edición, 1863
Wikimedia Commons

---

*A pesar de su nombre, Leonard no debe ser concebido como masculino. Como fuerza cósmica demoniaca, encarna tanto la esencia masculina como la femenina.

David Beth: *Para entender a Leonard, es mejor concebirlo como una entidad egregórica. Un egregor no es simplemente una idea colectiva creada y mantenida por un grupo de iniciados, sino una fuerza daimónica que, en algún momento, se sintió atraída por un círculo de practicantes gnóstico-mágicos. Este grupo se dedicaba a un trabajo esotérico centrado en la vida. Se estableció un pacto: Leonard se convirtió en el guardián y núcleo místico de esta sociedad, guiando a sus miembros en su desarrollo gnóstico y mágico. El actual líder de la Leonard Society, el heresiarca, se encarga de alimentar el espíritu en intervalos regulares para mantener su poder de maneras especiales. Todos los miembros somos iniciados en la presencia de Leonard y podemos conectarnos con él directamente. De hecho, el intercambio erótico-mágico entre Leonard y cada uno de nosotros, al derramar su esencia en nuestras almas, revitaliza su figura como una imagen daimónica fascinante. Los iniciados, preñados por sus inseminaciones, experimentamos visiones esotéricas o consciencia nocturna, contemplando imágenes primordiales que dan origen a palabras, gestos y acciones mágicas. Para entender el papel de Leonard, u Hombre Negro en nuestro aquelarre, revisemos brevemente los principios fundamentales de la gnosis cósmica, la corriente esotérica que sustenta nuestra sociedad:*

> La gnosis cósmica postula una lucha cósmica entre fuerzas opuestas: el alma y el espíritu (o *logos, pneuma, nous*), y cómo estas influyen en nuestras cosmovisiones y experiencias biocéntricas o logocéntricas. La experiencia biocéntrica fue expresada en las religiones *ctónicas* del homo religiosus. Nacido del Caos andrógino y del Urgrund [palabra del alemán para "fundamento"] materno, el Cosmos se polarizó en cuerpo y alma. Toda representación fenomenológica era la expresión del alma, y cada alma se reveló a través de un organismo viviente. El mundo latía rítmicamente en un apareamiento incesante, las fuerzas entusiastas se interpenetraban y tejían el Cosmos a cada momento. La humanidad prehistórica,

en lo que nuestra gnosis llama su etapa daimónica, desarrolló la facultad de la visión, que no se relaciona solo con la visión, sino que es una experiencia holística de los sentidos colectivos que permite que la interacción cósmica llegue a la apariencia visionaria. Esta capacidad visionaria no era una facultad del "espíritu" racional, sino una capacidad integral del alma para recibir y contemplar el mundo, promoviendo una conexión más completa con el todo. La religión *ctónica* surge como una respuesta natural a las visiones y poderes sobrenaturales experimentados. Es la base de los verdaderos cultos y prácticas mágicas. Los mitos sobre una edad de oro, el reinado de Saturno o la era de los titanes parecen reflejar recuerdos de una época en que los poderes sobrenaturales dominaban la experiencia humana. En aquel entonces, el individuo no era un ser finito condenado a morir, sino una encarnación de una fuerza más allá de sí mismo. La muerte transformaba esta fuerza, pero no la destruía. El tiempo cíclico aseguraba que nada se perdiera, sino que renaciera constantemente. La vida solo era posible a costa de la muerte, pero la vida también engloba a la muerte como su cuna necesaria y, de hecho, fuente principal de potenciación.

En los albores de la historia, una fuerza parasitaria surgió en el organismo metafísico de la humanidad. Ludwig Klages la denominó el espíritu. Ajena a la polaridad natural de cuerpo y alma, esta fuerza escindió ambas partes, conduciendo a una creciente alienación de la realidad *daimónica* del mundo. Al manipular y deconstruir la capacidad de visión basada en el alma, el espíritu impulsó el desarrollo de la autoconsciencia del "yo" racional. Así, la humanidad ingresó en la historia o tiempo histórico cuando la consciencia diurna suplantó a la consciencia nocturna del humano *daimónico*. El ser humano ya no experimentaba el mundo a través de compromisos holísticos con sus fuerzas, sino que operaba como un exiliado, definiendo su lugar en el mundo mediante el análisis racional y el desapego. El espíritu se expresa a través de un "yo" consciente, forjando un individuo que lucha contra el paso del tiempo y se esfuerza por preservar su identidad frente a las fuerzas oscuras y *daimónicas* que buscan corromper o anular su consciencia racional. Las antiguas fuerzas *daimónicas* complementarias o arquetipos que trascendían el bien y el mal cedieron ante nuevos dioses, como los olímpicos grecorromanos, que reflejaban la identidad racional y la autoconsciencia proyectadas. El reduccionismo y la deconstrucción del cosmos viviente impidieron que la humanidad conectara de manera profunda con las fuerzas externas, y la sacralidad del cosmos *daimónico* materno fue degradada en favor de un mundo de ideas abstractas y deidades que encarnaban este idealismo y trascendencia. La rebelión contra el cosmos *daimónico* se materializó en la batalla y posterior derrota de los titanes a manos de los dioses olímpicos. Apolo, el matador de pitones, y Hércules, el destructor despiadado de todas las criaturas del mundo materno, simbolizan el nuevo cosmos emergente: un universo jerárquico, regido por leyes y reglas divinas ideales. Aunque cultos como el dionisiaco conservaban vestigios del antiguo cosmos *daimónico*, las religiones abrahámicas asestaron el golpe final al mundo telúrico. Negaron y demonizaron las divinidades ancestrales, imponiendo un dios único, paternal y trascendente, creador de todo a partir de la nada. A través de sus profetas, el espíritu creó un ídolo hueco: el dios monoteísta, que aleja cada vez más a la humanidad del mundo sensual de las almas y los cuerpos. El humanismo, el secularismo y todas las formas afines de modernidad progresista encubren un monoteísmo peculiar. En este, la identidad humana, el "yo soy", ocupa un lugar central, atrapando a la humanidad en una prisión cósmica cada vez más aislada. Las falsas promesas de una eternidad trascendental o el nihilismo secular han forjado un cosmos abstracto, logocéntrico y esquelético, que debe defenderse de las fuerzas inconscientes y *daimónicas*. Este cosmos vertical, regido por leyes ideales y abstractas, choca con un cosmos cíclico, estructurado por la interacción erótica de polaridades dentro de un *urgrund* materno. Para el cosmos paterno, las fuerzas *daimónicas* representan el caos que amenaza su orden artificial. Queda claro que la gnosis cósmica está en oposición al cosmos; es esencialmente una corriente anticósmica, no porque promueva la intrusión de la trascendencia en el cosmos, sino porque reconoce un cosmos más profundo, acausal, que subyace al orden aparente regido por los espíritus. Este cosmos oculto es la verdadera realidad[1].

Debiéramos entender a Leonard y a otras encarnaciones culturales del Hombre Oscuro como manifestaciones locales del emisario, esa fuerza daimónica que actúa como portal al cosmos daimónico materno. Leonard se erige, así como el iniciador de un camino primordial, señalando el sendero hacia lo "abierto", ese desierto que yace entre las fisuras del tiempo lineal. Nos invita a abandonar el aislamiento metafísico y a trascender una vida dominada por la voluntad de poder. Nuestro exilio en un mundo antropomórfico, "hecho a nuestra imagen", y que consume la naturaleza como un objeto, llega a su fin. Regresamos a nuestra propia naturaleza, no como un yo estático, sino como un acontecimiento cósmico que revela la vida a través de relaciones orgánicas con las atmósferas daimónicas *del mundo. En este espacio "abierto", donde lo insólito encuentra la serenidad, Leonard preside la fiesta sabática. El Sabbat [o aquelarre] es la celebración, tanto individual como comunitaria, de los misterios cósmicos. Es la ocasión para reconfirmar nuestras relaciones primordiales. Solo así cumplimos uno de los lemas de nuestra sociedad mágica: "Los actos del día deben dar paso a las maravillas de la noche".*

Darragh Mason: *El Hombre Oscuro en mi investigación revela un aspecto iniciático. Si se te manifiesta o te habla en alguna de sus formas, es una señal de un llamado a la brujería o a la inspiración mística. ¿Ocurre lo mismo con ML?*

David Beth: *Coincido contigo. Aunque hoy en día los contactos místicos o mágicos auténticos son muy escasos —la mayoría de las experiencias son proyecciones personales que luego interpretamos como visiones o sueños—, debemos ser cautelosos al aceptar todas las afirmaciones. Sin embargo, si el Hombre Oscuro comienza a manifestarse de forma persistente, es fundamental prestar atención a sus mensajes. Ignorar su llamada puede tener consecuencias negativas, ya que su influencia puede desequilibrar nuestra psique y nuestra vida. En el vudú, cuando un espíritu se manifiesta repetidamente a alguien, esa persona suele consultar a un sacerdote o una sacerdotisa para interpretar el mensaje del espíritu. Sugiero que alguien que experimente manifestaciones persistentes del Hombre Oscuro haga lo mismo: consultar a un experto para determinar el camino que se ha de seguir. Por supuesto, en Occidente la mayoría de la gente suele rechazar figuras de autoridad y prefiere el estudio independiente y un estatus iniciático autoproclamado. Esto no sorprende, dado el aislamiento espiritual moderno y la escasez de experiencias espirituales genuinas. Los dioses han abandonado el universo logocéntrico, como señalaron Ludwing Klages y Martin Heidegger, y el mundo esotérico está repleto de "fantasmas" junguianos. Sin embargo, el verdadero contacto espiritual sigue siendo posible. Cuando un alma sensible encuentra al Hombre Oscuro en su cruda vitalidad, un guía espiritual es indispensable para enraizar y orientar esa experiencia.*

Darragh Mason: *¿Cómo proporciona ML el punto focal mágico de tu sociedad ocultista?*

David Beth: *Leonard es el daemon iniciático que abre los caminos para la Guardia Nocturna hacia las realidades del cosmos* pandaimónico, *los misterios del* Hijo/Sol niger *[Sol Negro] y el* Chaos-cum-mater *[Caos materno primordial].*

Darragh Mason: *En nuestra correspondencia mencionaste que el Hombre Oscuro también se manifiesta en tus asociaciones con el vudú haitiano. ¿Puedes explicar esto? ¿Es diferente de como se manifiesta para la Leonard Society (suponiendo que lo haga)? Creo que se trata de una corriente mágica de gran importancia que siempre ha acompañado a los brujos y narradores de historias de alguna u otra forma.*

David Beth: *En el vudú haitiano he encontrado un espíritu llamado Mèt Leonard, un* djab *[poderoso espíritu] feroz y ardiente. Este espíritu se manifiesta en el trabajo de mi sociedad secreta, la Société Voudon Gnostique (SVG). Personalmente, siento que Mèt Leonard proviene del mismo espacio esotérico que el Master Leonard de la Guardia Nocturna, sugiriendo una conexión mágica entre ambos. Mèt Leonard es un* pwen *único, un foco de energía mágica y espiritual que otorga conocimientos especiales y poder a la SVG. Aunque el rito vudú y la Guardia Nocturna difieren en cómo alimentan al espíritu y en su* modus operandi *mágico, ambos comparten una misma fuente de poder.*

Coincido contigo en que la corriente mágica del Hombre Oscuro es fundamental para los empoderamientos mágicos y para guiar a individuos y comunidades hacia una comunión con el cosmos perdido de las imágenes daimónicas.

Darragh Mason: *¿Puedes explicar la relación entre el Hombre Oscuro y la cabra de Mendes?*

David Beth: *En lugar de responderte yo mismo, prefiero citar a mi colega iniciado, el doctor Tomas Vincente (seudónimo). Como profesor de religiones antiguas y autor de* The Faceless God *para Theion Publishing, Vincente explora de manera magistral la conexión entre el Hombre Oscuro, el culto al inframundo de Osiris y la posterior brujería europea.*

La cabra de Mendes era la interpretación griega del carnero egipcio de Mendes, Banebdjedet: una manifestación de Osiris, el dios negro original, en su aspecto nocturno. Asociado a la fertilidad, el carnero simbolizaba la potencia creadora del sol nocturno. En el siglo XIX, Éliphas Lévi revitalizó y reanimó esta tradición, vinculando la imagen de la cabra de Mendes a su interpretación de "Baphomet", basada en la carta del diablo del tarot de Marsella. Sin embargo, el significado original de la cabra de Mendes y su conexión con los misterios osiríacos de los mundos subterráneos quedaron en el olvido. En mi libro *The Faceless God*, restablezco esta conexión, revelando una vinculación, hasta ahora desconocida, con la tradición de la brujería[2].

Darragh Mason: *En mi libro propongo que el Hombre Oscuro interactúa con los seres humanos de dos maneras principales: inspirando a los creativos a través de sus* daimones *y contactando directamente a quienes sienten el llamado a la brujería. Al leer la descripción del Hombre Oscuro en el libro de Vincente,* The Faceless God, *me pareció que encaja en estos patrones, similar a Anubis como mensajero. ¿Qué opinas?*

David Beth: *En primer lugar, el Dios sin Rostro [Faceless God] debe interpretarse como el Hijo, el secreto innato del Chaos-cum-Mater (del cosmos), Osiris en el inframundo, manifestando los misterios del Sol a la medianoche, el Sol Negro. El Hijo que carece de Padre es el garante del cosmos maternal pandaemónico. Él es la más pura esencia de su vitalidad y Vida y, como Sol Negro, su luz telesmática [portadora de cualidades espirituales y mágicas] impregna el universo. El Hombre Oscuro o emisario, en sus muchas representaciones culturales —el Anubis egipcio, el "Nyarlathotep" de Lovecraft o Master Leonard, por ejemplo— es un daimón particularmente adecuado para abrir el camino, para conducirnos a lo Abierto, en donde la vida pandaemónica, que es básicamente el espacio donde pueden establecerse relaciones primordiales que permiten afectar y ser afectados,* *pueda ocurrir. Esta es la razón por la que el Hombre Oscuro, o Leonard en nuestra tradición, guía las ceremonias del aquelarre, pero no es el centro de nuestra adoración. Ese lugar le corresponde al Hijo/Sol Negro, la esencia misma del cosmos daimónico. Leonard y sus semejantes son mensajeros de esta realidad cósmica (o anticósmica), de la cual el Hijo es el símbolo supremo. Al ser manifestaciones* daimónicas *de vitalidad telesmática, ellos, como toda vida* daimónica, *comparten la esencia del Hijo, que es el secreto de la Madre.*

Como bien dijo mi amigo Tomas Vincente:

> Sospecho que un contacto directo [con el Hijo/Sol Negro] aniquilaría instantáneamente a la persona humana. El problema radica en nuestra tendencia a antropomorfizar estas realidades ocultas, ignorando su verdadero poder y significado cósmico. Por lo tanto, supongo que cualquier contacto se produce a través de entidades intermediarias. Al analizar los patrones recurrentes de estos encuentros, hallamos conexiones comunes: viajes al inframundo que subvierten nuestra percepción habitual (distorsiones sensoriales, engaños), experiencias en estados alterados de consciencia, especialmente sueños, y sincronías que realinean nuestra psique con una fuente más profunda. Los relatos de brujería resultan intrigantes en este sentido, aunque debemos considerar las superposiciones demonológicas y las confesiones obtenidas bajo coacción. A pesar de estas dificultades, es tentador preguntarse si las constantes referencias a la inversión de los rituales cristianos podrían ser representaciones distorsionadas de experiencias en el inframundo. En culturas antiguas como la egipcia, el inframundo era visto como un mundo invertido, un reflejo del nuestro[3].

Darragh Mason: *En los registros históricos y en algunos relatos contemporáneos, el Hombre Oscuro tiene una fuerte carga sexual. ¿Ocurre lo mismo en tus tradiciones?*

David Beth: *Personalmente, lo definiría más bien como una naturaleza erótica. Su fuerza daimónica y su conexión con la realidad cósmica, que él nos hace accesible, se vinculan íntimamente a un Eros primordial y cósmico*. Este Eros, a diferencia del logos que ordena jerárquicamente el universo esquelético del espíritu, es una red pulsante que recorre el cosmos, uniendo en éxtasis fuerzas daimónica y polos opuestos del mundo. En este juego erótico, los polos no se anulan, sino que se miran y se renuevan mutuamente, dando origen a un mundo en constante transformación. Sin duda, los rituales erótico-gnósticos o sexo-mágicos, cuando se basan en una comprensión profunda de la realidad, pueden ser herramientas poderosas para reconectar con nuestra naturaleza más profunda y manifestar nuestra esencia extática.*

Darragh Mason: *En mi caso, siento una conexión muy fuerte con el Hombre Oscuro, especialmente a partir de mi línea paterna. No estoy seguro, pero creo que uno de mis antepasados inició un contacto o atrajo la atención del Hombre Oscuro. ¿Sucede algo similar con ML en tus tradiciones?*

David Beth: *Creo que la esencia particular del Hombre Oscuro, como emisario de una experiencia radicalmente distinta del mundo, atrae naturalmente a ciertos individuos. Estos individuos conservan una sensibilidad especial que les permite percibir las voces tenues de dioses antiguos. Aunque el contacto con el Hombre Oscuro o cualquier poder daimónica auténtico nunca puede forzarse, pues el intento deliberado de control ahuyenta a estas fuerzas, sí podemos prepararnos para recibirlo. La relación con el Hombre Oscuro es recíproca: solo cuando respetemos su esencia y la nuestra, sin buscar dominarlo, podremos establecer un vínculo significativo.*

---

*Recomendamos encarecidamente el estudio de *Of Cosmogonic Eros*, de Ludwig Klages (Theion Publishing, 2022), el tratado más destacado sobre el Eros elemental y sus éxtasis asociados.

15
A la escucha del canto del Hombre Oscuro

Encantado de conocerte
Espero que adivines mi nombre.
Pero lo que te desconcierta
Es la naturaleza de mi juego.
"Sympathy for the Devil"
Rolling Stones

En noviembre de 2020 tuve una visión que superó cualquier otra experiencia. Durante una meditación profunda, me encontré frente a un muro de fuego abrasador, en cuyo centro ardía un ojo que me observaba fijamente. A pesar de que no suelo tener problemas con las visualizaciones, esta imagen me sobrepasó. Era tan vívida que podía sentir el calor del fuego en mi piel y oír su crepitante rugido. La pupila del ojo ardiente se transformó en una figura imponente y musculosa, completamente negra contra el fuego. Era alta y de cabello oscuro y ondulado, que le rozaba los hombros. De repente, desplegó unas enormes alas negras y se dirigió hacia mí. En mi mente apareció una imagen de la escultura *Le Génie du Mal* de Guillaume Geefs, seguida del sigilo de Lucifer. Con un movimiento rápido, el ángel oscuro despegó verticalmente. Al hacerlo, sentí que ascendía con él. La sensación era como subir en un ascensor rápido. Me quedé asustado y confuso e inmediatamente interrumpí toda práctica mágica.

Pasaron varios meses antes de que me decidiera a hablar de lo ocurrido. El suceso era como el sol del mediodía: sabía que estaba ahí, sentía su calor, pero no podía mirarlo de frente. Al reflexionar, lo que más me aterrorizó fue la imposibilidad de negar o racionalizar lo que había visto. Como fotógrafo de viajes, he vivido experiencias que han desafiado mi visión del mundo. He visto cosas aterradoras y extrañas, pero siempre he podido encontrarles un sentido, gracias a mi investigación sobre lo esotérico.

Esta vez fue diferente. No necesitaba contexto para saber que algo sobrenatural había sucedido. Peor aún, había ocurrido en mi propio hogar. No había entrado en territorio desconocido, como en otras ocasiones. Cada fibra de mi ser sabía que algo profundo había cambiado e ignoraba cómo lidiar con ello.

Meses después confié en una buena amiga durante una lectura de tarot. Me escuchó atentamente mientras le contaba lo sucedido y me recomendó ver a una amiga suya con un don psíquico muy desarrollado. Poco después, inicié mis primeras sesiones en línea con Michelle DeVrieze, las cuales se convertirían en citas mensuales. Juntos exploramos lo que había ocurrido. Aquel viaje fue profundo y transformador. Cualquier duda que albergara sobre la existencia del mundo espiritual se disipó por completo. Con el tiempo, comprendí que el Hombre Oscuro siempre había estado presente en mi vida, dejando pistas desde mi infancia que solo cobrarían sentido treinta y cinco años después.

Trabajando con Michelle descubrí que esta relación provenía de mi línea paterna. Uno de mis antepasados había sido un brujo que tuvo un encuentro con el Hombre Oscuro y, varios siglos después, yo me encontraba desenredando las secuelas generacionales de aquello. Durante nuestras sesiones, Michelle recibía mensajes espirituales. Estaba acostumbrada a ello y solía dejar de hablar a media frase para escuchar cómo sus espíritus se interponían en nuestra conversación. Con frecuencia estos mensajes revelaban detalles personales que ella no podía conocer de otra forma. Con el tiempo me acostumbré a percibir lo que era externo a mí en estas revelaciones. Comencé a distinguir entre lo que era "yo" y lo que era "ajeno".

La comunicación externa no siempre era auditiva; a menudo tomaba la forma de imágenes. Más tarde, mientras profundizaba en mi investigación para este libro, el exterior también tomó la forma de inspiración y sutil guía hacia el material que me sirvió de fuente. Experimentaba dos tipos de contacto con espíritus provenientes de dos realidades entrelazadas. Por un lado, tenía visiones intensas y oía voces claras y distintas, como las que describió Orion Foxwood. Estas experiencias eran más personales y directas y provenían directamente del Hombre Oscuro. Sentía su presencia a menudo y veía su imagen en mi mente, ya fuera en forma de ángel o como un humanoide de dos metros, más negro que el negro. En ocasiones, en su rostro, en lugar de facciones brillaban estrellas y galaxias en movimiento, como en el mito del niño Krishna cuando su madre, Yashoda, vislumbra el universo entero en su boca. Aunque estas visiones eran a veces abrumadoras, no puedo negar la sensación de paz que me invadía en su presencia. Sabía que estaba a salvo.

En segundo lugar estaba la comunicación intuitiva con los *daimones*. Ellos me guiaban hacia fuentes específicas y me revelaban conceptos gradualmente. Mi investigación a menudo me llevaba a desempolvar textos que había adquirido años antes y que había colocado en una estantería, olvidándolos por completo.

Estos casos me llevaron a preguntarme cuánto tiempo hacía que mi *daimon* me llevaba de las narices. El suceso más sorprendente ocurrió mientras trabajaba con Michelle, cuya sola presencia, sospechaba, diluía el velo. Llevábamos unos seis meses colaborando y, mientras recordábamos mi visión inicial, me vino a la mente un pequeño cuadro de la casa de mis padres. Tenía una sorprendente similitud con lo que había visto. No más grande que una hoja de papel, el cuadro representaba una sencilla figura humanoide, de silueta negra, con las alas desplegadas sobre un fondo resplandeciente de llamas color melocotón y lila. Era un regalo de un amigo de la familia y, desde la primera vez que lo vi hacía doce años, me había intrigado por su incongruencia en el contexto de las fotos familiares. Se parecía mucho a lo que había visto en mi visión. Intuí entonces que el cuadro había sido colocado en mi camino con un propósito preciso: darme cuenta de que el Hombre Oscuro me preparaba desde hacía años para este encuentro. El cuadro se convertiría en la pieza central de mi altar.

A finales de 2021 tenía dos proyectos de escritura en proceso. Uno era una colección de ensayos sobre mis diversas experiencias esotéricas como fotógrafo de viajes y documentales; el otro, bueno, lo estás leyendo. El Hombre Oscuro insistió bastante en cuál proyecto debía desarrollar primero. En cierto momento, la procrastinación y el exceso de pensamiento habían paralizado el trabajo, pero durante la meditación él me dijo **que siguiera adelante de una jodida vez**. Su lenguaje me resultó algo chocante y desconcertante, pero luego lo reconocí como su voz. Resulta que el diablo tiene un gran sentido del humor. Pero yo tenía el temor persistente de acabar siendo el blanco de su broma en algún momento. Después de todo, él es el embaucador. Quienes trabajaron con él en el pasado eran conocidos como gente astuta por una razón, ya que podían trabajar a su lado sin que los devorara. Ellos entendían su lugar en la cadena alimentaria. El espíritu con el que estaba en comunicación no era el concepto cristiano del diablo como fuente y encarnación del mal del mundo. Intelectualmente podía **separarlo** de la propaganda de la Iglesia. Pero en los momentos de reflexión tranquila, esa separación no era tan fácil, y luchaba con pensamientos temerosos sobre la naturaleza de aquello con lo que estaba trabajando. Las huellas de mi educación católica estaban profundamente arraigadas en mi psique. Y, sin embargo, sentí que me había protegido y apoyado durante toda mi vida. Todo esto podría descartarse como mi gnosis personal no verificada, lo entiendo, pero como descubrí, muchos otros habían tenido experiencias similares, y cuando tienes gnosis, tienes gnosis.

Elise Oursa, Shullie H. Porter y yo habíamos estado compartiendo nuestras últimas experiencias y nos dimos cuenta de que las cosas se estaban intensificando. Decidimos que era hora de realizar un ritual juntos para encontrar respuestas. Shullie y Elise asistirían a un retiro de artistas en Dartmoor, al sudoeste de Inglaterra. Elise me invitó a unirme a ellas los últimos días para llevar a cabo el ritual. La noche del viernes nos reunimos alrededor de una fogata. El cielo, despejado y estrellado, nos ofrecía un espectáculo impresionante, con la Vía Láctea brillando intensamente. El calor del fuego, el vino tinto y el aroma de la leña crearon un ambiente acogedor mientras contemplaba la majestuosidad del cielo nocturno.

A menudo paso tiempo en mi jardín por la noche. Tengo la fortuna de vivir en un lugar relativamente rural, donde la contaminación lumínica es escasa. Estar bajo un cielo verdaderamente oscuro es un lujo que muchos occidentales desconocen. Nuestro mundo, inundado por la luz azul artificial de pantallas y dispositivos, nos impide apreciar la verdadera oscuridad. Es difícil escapar de esta realidad en nuestra sociedad moderna. Vivimos nuestras vidas a través de las pantallas de nuestros teléfonos, una adicción que combato a diario. Soy consciente del daño que esta exposición constante me causa. Apaga los dispositivos y las luces y, con el tiempo, encontrarás vida en la oscuridad y ella te encontrará a ti. En mi jardín, por las noches, sentía su presencia. Me acariciaba el cabello y susurraba mi nombre desde las sombras. Como era de esperar, el Hombre Oscuro me pidió que redujera mi tiempo en línea y eliminara ciertas redes sociales. Un consejo excelente, venga de donde venga. Según Peter Grey y Alkistis Dimech, la Tierra nos habla, y el exceso de mundos digitales nos impide oírla con claridad.

Uno a uno, los demás se levantaron y se alejaron del fuego hasta que solo quedamos unos pocos.

"Está allí, observándonos", dijo Shullie con naturalidad, señalando hacia la oscuridad que se extendía más allá del resplandor de las llamas. No mucho después, me retiré a descansar y, a pesar de saber lo que me esperaba, dormí bastante bien esa noche.

A la mañana siguiente nos adentramos en las estrechas callejuelas de Devonshire, bordeadas por setos altísimos, hasta llegar a una antigua iglesia. Situada en un pintoresco pueblo, la iglesia estaba rodeada por un cementerio lleno de hierba y flores silvestres. No parecía descuidado, solo un poco salvaje. Al rodear el edificio en el sentido de las agujas del reloj, encontré una pluma de cuervo negra. Luego, otra y otra más. Cuando recogí la tercera, oí una voz que decía: "Una para cada participante".

Pasamos el resto del día explorando el norte de Dartmoor. Elise y yo dibujamos las antiguas piedras del círculo de Scorhill. Decidimos que ese sería el lugar para nuestro ritual esa noche y regresamos al campamento para planificar todo. Shullie invocaría primero a Hécate como protección, con ofrendas de huevos, pastel y miel. Yo invocaría al Hombre Oscuro utilizando un segmento de un hechizo de *The Devil's Dozen*, de Gemma Gary, mientras que Elise emplearía una invocación *tifoniana* de los *Papyri Graecae Magicae*. Nos había reunido el Hombre Oscuro, así que debíamos discutir qué esperábamos obtener de él para tener claridad. Elise sugirió hacernos preguntas: ¿qué quería de nosotros? ¿Cómo lo reconoceríamos? ¿Cómo deberíamos llamarlo?

Poco antes de la medianoche, condujimos hasta el círculo de piedras. Guardé silencio durante casi todo el trayecto. A medida que nos acercábamos, una densa niebla cubría el páramo. Mis nervios se agudizaban y me sentía fuera de lugar. Aparcamos y Elise se volvió hacia mí: "¿Qué estamos haciendo, Darragh?".

"No lo sé", respondí.

Del otro lado de la verja se extendía el páramo, envuelto en una niebla y un viento más intensos de lo que había imaginado. La visibilidad era casi nula. Ante el peligro de perdernos y la incertidumbre de lo que nos esperaba, consideré realizar el ritual en el estacionamiento vacío. Acordamos que llegar al círculo de piedras sería una locura. Sin señal y con tan poca visibilidad, nos expondríamos a peligros innecesarios. Mucha gente se ha perdido y ha muerto en Dartmoor. Podríamos desviarnos fácilmente del camino y enfrentarnos a todo tipo de amenazas, tanto terrenales como sobrenaturales.

Un muro de piedra seca corría paralelo al sendero que se adentraba en el páramo. A pesar de la niebla, lo distinguíamos vagamente, así que lo tomamos como referencia y nos adentramos. Al final del muro, nos detuvimos. Mi linterna empeoraba las cosas, convirtiendo la niebla en un muro blanco y uniforme. Recordé la Ceo *draíochta*, la niebla mágica que separaba nuestro mundo del otro.

Al cambiar al modo rojo de mi linterna, la visibilidad mejoró. Sin perder de vista el muro, encontramos un espacio rodeado de grandes piedras. Allí formamos un círculo para protegernos, no solo por el ritual, sino porque Shullie podía ver y oír a los espíritus que se reunían a nuestro alrededor. Mirando hacia el norte, hacia el muro, con los pinos detrás, empezamos. Shullie llamó en voz alta:

> *IO Hekate!*
> *IO Hekate!*
> *IO Hekate!*
> *Ella que es, que fue y siempre será.*
> *Alfa y Omega, principio y fin.*
> *Abre y cierra las puertas.*
> *Posee las llaves de la eternidad.*
> *Camina delante, detrás, a nuestro lado y dentro de nosotros.*
> *Diosa, madre, hermana, escucho tu llamado, oh sacerdotisa.*
> *Protege a quienes están dentro de este círculo, sosteniendo*
>   *tu antorcha para iluminar el camino.*
> *Permite que el Hombre Oscuro entre y nos transmita su mensaje.*
> *Acepta estas ofrendas como muestra de nuestra gratitud.*

Luego me tocó a mí.

> *Cornudo,*
> *te invocamos,*
> *Padre de todas las brujas.*
> *Por el báculo bifurcado, por el humo y la llama.*
> *¡Atiende a nuestro llamado!*
> *Cornudo,*
> *te invocamos,*
> *Padre de todas las brujas.*

Mis nervios me traicionaron y no leí en voz alta con la seguridad que hubiera deseado. Mis compañeras, como si lo intuyeran, se unieron a mí y repetimos la lectura al unísono, clamando hacia la oscuridad. Al terminar, percibimos el llanto de un niño que resonó entre las densas cortinas de niebla. Lo llamé, ofreciéndole una libación, y vertí una botella de vino tinto en el páramo. Elise siguió, recitando en griego antiguo una invocación a Tifón y finalizó con una ofrenda de vino y brandy. Esperamos, atentos. Al norte, entre las ramas, una luz titiló y se apagó, como una estrella demasiado baja o una antorcha lejana. El viento cesó de golpe y la niebla se disipó brevemente. Algo cambió en el aire; un silencio absoluto se apoderó del lugar. Él estaba aquí. Mis ojos recorrieron los árboles, esperando que el Hombre Oscuro emergiera de las sombras como lo había hecho con Isobel Gowdie. Insistimos en que no queríamos pactos, solo respuestas.

"¿Cómo deberíamos llamarte?", preguntó Shullie en voz alta.

Oí la familiar voz del hombre en mi cabeza susurrar: "Lucifer". Shullie confirmó lo mismo.

"¿Cómo deberemos identificarte?"

"Como el Oscuro, la oscuridad, el resplandeciente". La voz dijo cada palabra con claridad y lentitud.

"¿Qué quieres de mí?", pregunté.

La voz respondió con una sola palabra, de la forma concisa a la que estaba acostumbrado: "Escribe".

Cada uno de nosotros recibió una respuesta distinta a esta última pregunta. Comparto la mía porque ustedes tienen el resultado en sus manos.

Habíamos terminado. Dándole las gracias, recogimos nuestras pertenencias y empezamos a cerrar el círculo. En la primera pasada, Shullie mencionó que había más espíritus a nuestro alrededor retenidos por el círculo.

"Váyanse a la mierda", dijo ella, despidiéndolos. Hicimos una segunda pasada del círculo, pero entonces algo desequilibró a Shullie.

"¡VÁYANSE A LA MIERDA!", gritó hacia la oscuridad. En la tercera y última pasada, los espíritus la arrastraron hacia la niebla. Antes de que pudiera reaccionar, Elise la jaló hacia nosotros y gritó la oscuridad:

"AKTIOPHIS ERESCHEKIGAL NEBOUTOSOALETH!"

Fuera lo que fuese lo que intentaba llevarse a Shullie, se echó para atrás de inmediato y rápidamente volvimos al coche. "Siento algo en el brazo", dijo Elise, forcejeando con las llaves. Algo se le había adherido en el páramo. De vuelta en el campamento, se lavó el brazo con agua salada y la sensación desapareció. Nos sentamos juntos, tranquilizándonos con vino y chocolate. Para mi sorpresa, solo eran las doce cuarenta y cinco de la madrugada. Esa noche dormí mal en mi tienda, en parte porque no era más grande que un ataúd, pero sobre todo porque mi mente estaba inquieta por los sucesos previos. Agradecí tener a mis hermanas brujas conmigo. No habría podido enfrentar esa misión solo, ni siquiera me habría atrevido. Mi valor había sido puesto a prueba.

"Escribe", me ordenó. No fue una sorpresa total. Justo entonces estaba esbozando la propuesta para este libro. Lo sorprendente fue la cadena de sucesos que siguió. Dos días después del ritual recibí una llamada de mi futuro editor y poco después había firmado un contrato con una fecha de entrega. El Señor de las Encrucijadas había allanado el camino; era hora de escribir. Y así lo hice.

Si necesitas más, ya sabes dónde encontrarlo.

Buena suerte.

Notas

PRÓLOGO

1. Wilby, *Visions of Isobel Gowdie*.
2. Procopius, "Gothic War", 48–58.
3. Ginzburg, *Ecstasies*.
4. Turner et al., *Experiencing Ritual*.
5. Grindal, "Into the Heart".
6. Deren, *Divine Horsemen*.
7. Turner, "Reality of Spirits".
8. Thurnell-Read, *Geopathic Stress*.
9. Wilby, *Visions of Isobel Gowdie*, 19.

CAPÍTULO I. BRUJERÍA POR LINAJE

1. "Miscellaneous Extracts", p. 1.
2. Williams, "Devil Looking Down".
3. Moriarty, *Invoking Ireland*, 40.
4. Plato, *Apology*, 115.
5. Jung, *Letters,* 532.
6. Jaffé, *Jung's Last Years*, 141.
7. Jung, *Collected Works*, 115–116.
8. Dylan, entrevista.
9. Auryn, "Witch Blood".
10. Lebling, *Legends*, 167–168.
11. Hanegraaff y Kripal, *Hidden Intercourse*, 53–56, 58.

12. Stuart, *Miscellany*, 119.
13. Lenihan y Green, *Meeting the Other Crowd*, 264.
14. Artisson, *Horn of Evenwood*, 80.

CAPÍTULO 2. EL MAGO NEGRO DE LOS HOMBRES DE DIOS

1. Beck, *Goddesses in Celtic Religion*, 75.
2. Beck, *Goddesses in Celtic Religion*, 75.
3. Gwynn, *Metrical Dindshenchas*, Parte 2, 66.
4. Wilby, *Visions of Isobel Gowdie*, 39.
5. Rolleston, *Celtic Myths and Legends*, 266-268, 270.
6. Stephens, *Irish Fairy Tales*, 104-107.
7. Ó hÓgáin, *Lore of Ireland*, 179.
8. Gray, *Cath Maige Tuired*, 25.
9. "Text and Translation", 27-29.
10. Taylor, "Letter Dated 1577", 60.
11. Platt, *Adam and Eve*, 37.
12. Platt, *Adam and Eve*, 53.

CAPÍTULO 3. OISÍN, EL PEQUEÑO CIERVO

1. Stephens, *Irish Fairy Tales*, 120.
2. Genesis 1:2 (versión de King James de la Biblia).
3. "Ossian Legendary Gaelic Poet".
4. "Ossian's Dream".
5. Rolleston, *Celtic Myths and Legends*, 270-271.
6. Rolleston, *Celtic Myths and Legends*, 272.
7. Gregory, *Irish Mythology*, 296.
8. Gregory, *Irish Mythology*, 300.
9. MacNeill, *Festival of Lughnasa*, 416.
10. Dames, *Merlin and Wales*, 26-27.

CAPÍTULO 4. EL INTERCEPTOR OSCURO

1. "Definitely not a Helping Hand".
2. Artisson, *Horn of Evenwood*, 85.

3. Walsh, "Ghost Story".
4. Wilde, *Ancient Legends*, 264.
5. Wilde, *Ancient Legends*, 260.
6. "Maya Indian Philosophy".

CAPÍTULO 5. ASTUTO EMBAUCADOR, REVOLUCIONARIO CULTURAL

1. Harpur, *Daimonic Reality*, 167.
2. Queenan, *Reflections*, 93.
3. Queenan, *Reflections*, 93.
4. Waller, "Forgotten Plague", 624–645.
5. Herring, "Monsters".
6. Reed, "Spring-Heeled Jack".
7. Reed, "Spring-Heeled Jack".
8. Dash, "Spring-Heeled Jack".
9. May, "Paranormal Experts".
10. Anne4884, "Black Figure on the Road".
11. Crowley, *Equinox of the Gods*, 117.
12. Crowley, *Equinox of the Gods*, 118.
13. Crowley, *Equinox of the Gods*, 118.
14. Crowley, *Magick in Theory*, 193.
15. "Atomic Bombings".
16. Mirabai, "I saw witchcraft tonight".

CAPÍTULO 6. EL VIENTRE OSCURO Y LA RENATURALIZACIÓN DEL ALMA

1. Hutton, *Witches*, 34.
2. Clottes, *Cave Art*, 129.
3. Rolleston, *Celtic Myths and Legends*, 130.
4. Gwynn, *Metrical Dindshenchas*, Parte 3, 31.
5. Gwynn, *Metrical Dindshenchas*, Parte 3, 293.
6. Stephens, *Irish Fairy Tales*, 26.
7. Dames, *Mythic Ireland*, 190.
8. Stephens, *Irish Fairy Tales*, 66.
9. Stephens, *Irish Fairy Tales*, 66.

CAPÍTULO 7. CONFESIONES DE BRUJOS

1. Brown, "Religion and Society", 81.
2. Grey, *Apocalyptic Witchcraft*, 16.
3. Goodare et al., *Survey of Scottish Witchcraft*.
4. Goodare et al., *Survey of Scottish Witchcraft*.
5. Goodare et al., *Survey of Scottish Witchcraft*.
6. Goodare et al., *Survey of Scottish Witchcraft*.
7. Goodare et al., *Survey of Scottish Witchcraft*.
8. Goodare et al., *Survey of Scottish Witchcraft*.
9. Goodare et al., *Survey of Scottish Witchcraft*.
10. Wilby, *Visions of Isobel Gowdie*, 37, 39.
11. Wilby, *Visions of Isobel Gowdie*, 37, 39.
12. Cutchin, Ecology of Souls, Volumen 1, 176.
13. Wilby, *Visions of Isobel Gowdie*, 46–47.
14. Wilby, *Visions of Isobel Gowdie*, 49.
15. Collin de Plancy, *Dictionnaire Infernal*.
16. Lévi, *Dogme et Rituel*, 84.
17. Wilby, *Visions of Isobel Gowdie*, 39–40.
18. Wilby, *Visions of Isobel Gowdie*, 39–40.
19. Wilby, *Visions of Isobel Gowdie*, 39–40.
20. Wilby, *Visions of Isobel Gowdie*, 43.
21. Wilby, *Visions of Isobel Gowdie*, 43.
22. Artisson, *Horn of Evenwood*, 78.
23. Artisson, *Horn of Evenwood*, 79.

CAPÍTULO 9. JESSICA MITCHELL, GLASTONBURY TOR

1. Ferguson, "British Race", 194.

CAPÍTULO 14. DAVID BETH, SOBRE MASTER LEONARD

1. Beth, "Clavis Saturni", 14ss.
2. Tomas Vincente, comunicación personal.
3. Tomas Vincente, comunicación personal.

Bibliografía

Anne4884 (nombre de usuario). "The Black Figure on the Road". Consultado el 20 de septiembre de 2022. Disponible en línea en el sitio web *Your Ghost Stories*.

Artisson, Robin. *The Horn of Evenwood*. Los Angeles: Pendriag Publishing, 2007.

Asatrian, Garnik S. y Victoria Arakelova. *The Religion of the Peacock Angel: The Yezidis and Their Spirit World*. Nueva York: Routledge, 2014.

"Atomic Bombings of Hiroshima and Nagasaki". NBC News Archives. Consultado el 21 de septiembre de 2022, en YouTube.

Auryn, Mat. "Witch Blood: The Magickal Orientation". Consultado el 28 de diciembre de 2022 en el blog *For Puck's Sake* en el sitio web Patheos.

Beck, Noémie. *Goddesses in Celtic Religion: Cult and Mythology: A Comparative Study of Ancient Ireland, Britain and Gaul*. Disertación de doctorado. Université Lumière Lyon 2, 2009.

Beth, David. "Clavis Saturni: A Kosmic Heresy", en Moros, Arthur. *The Cult of the Black Cube*. Múnich: Theion Publishing, 2022.

Brown, S. J. "Religion and society to c. 1900", *The Oxford Handbook of Modern Scottish History*. Oxford: Oxford University Press, 2012.

Chumbley, Andrew D. *QUTUB, also called The Point*. Hercules, California: Xoanon Publishers, 1995.

Clottes, Jean. *Cave Art*. Londres: Phaidon Press, 2010.

Collin de Plancy, Jacques. "Dictionnaire Infernal". Consultado el 4 de diciembre de 2022. Disponible en línea en el sitio web Academia.edu.

Crowley, Aleister. *The Equinox of the Gods*. Leeds: Celephaïs Press, 2004.

———. *Magick in Theory and Practice*. París: Lecram Press, 1924.

Cutchin, Joshua. *Ecology of Souls: A New Mythology of Death & the Paranormal*, Volumen uno. Horse & Barrel Press, 2022.

Dames, Michael. *Merlin and Wales: A Magician's Landscape*. Londres: Thames and Hudson, 2002.

———. *Mythic Ireland*. Londres:Thames and Hudson, 1992.

Dash, Mike, "Spring-heeled Jack to Victorian Bugaboo from Suburban Ghost". *Fortean Studies* 3 (1996): 7–125. Disponible en línea en el sitio web de Mike Dash.

"Definitely not a Helping Hand…", BBC Devon. Consultado el 5 de septiembre de 2022. Disponible en línea en el sitio web de la BBC del Reino Unido.

Deren, Maya. *Divine Horsemen: Living Gods of Haiti*. Kingston, Nueva York: McPherson, 1985.

Dylan, Bob, entrevista de Ed Bradley. *60 minutes*. CBS, 6 de diciembre de 2004. Disponible en línea en YouTube.

Evans, J. Gwenogvryn, ed. *The Black Book of Carmarthen*. Pwllheli, 1907.

Ferguson, James, "The British Race and Kingdom in Scotland", *The Celtic Review,* volumen 8, mayo 1912-mayo 1913, 1913.

Garner, Alan. *The Guizer*. Londres: Fontana Lions, 1980.

Gary, Gemma. *The Devil's Dozen Thirteen Craft Rites of the Old One*. Londres: Troy Books, 2015.

Ginzburg, Carlo. Ecstasies: *Deciphering the Witches' Sabbath*. Nueva York: Pantheon, 1991.

Goodare, Julian, Lauren Martin, Joyce Miller y Louise Yeoman. *The Survey of Scottish Witchcraft*. Scottish History. Enero de 2003. Disponible en línea en el sitio web de University of Edinburgh's School of History, Classics and Archaeology.

Gray, A. Elizabeth, ed. *Cath Maige Tuired: The Second Battle of Mag Tuired*. Kildare: Irish Text Society, 1982.

Gregory, Lady. *Lady Gregory's Complete Irish Mythology*. Londres: Bounty Books, 2006.

Grey, Peter. *Apocalyptic Witchcraft*. Londres: Scarlet Imprint, 2013.

———. *Lucifer: Princeps*. Londres: Scarlet Imprint, 2015.

———. *The Two Antichrists*. Londres: Scarlet Imprint, 2021.

Grindal, Bruce. "Into the Heart of Sisala Experience: Witnessing Death Divination". *Journal of Anthropological Research* 39, no 1 (1983): 60–80.

Gwynn, Edward, ed. *The Metrical Dindshenchas Part 2, Royal Irish Academy Todd Lecture Series*. Dublín: Hodges, Figgis, 1906.

Gwynn, Edward, ed. *The Metrical Dindshenchas Part 3, Royal Irish Academy Todd Lecture Series*. Dublín: Hodges, Figgis, 1913.

Hanegraaff, Wouter J. y Jeffery Kripal. *Hidden Intercourse: Eros and Sexuality in the History of Western Esotericism*. Leiden: Brill, 2008.

Harpur, Patrick. *Daimonic Reality: A Field Guide to the Otherworld*. Ravensdale, Washington: Pine Winds Press, 2003.

Herring, Richard. "Monsters Are a Product of the Madness of City Life", *Metro*. Consultado el 21 de septiembre de 2022. Disponible en línea en el sitio web de *Metro*.

Hutton, Ronald. *Witches, Druids, and King Arthur*. Londres: Hambledon and London, 2003.

Hyde, Lewis. *Trickster Makes This World: How Disruptive Imagination Creates Culture*. Edimburgo: Canongate Books, 2008.

Jaffé, Aniela. *Jung's Last Years*. Dallas: Spring Publications, 1984.

Jung, C. G. *C. J. Letters Vol. II, 1951–1961*. Gerhard Adler y Aniela Jaffé, eds. Hove: Routledge, 1990.

———. *The Collected Works of C. G. Jung, vol 15: The spirit in man, art, and literature*. Princeton: Princeton University Press, 1978.

Kirk, Robert. *The Secret Commonwealth of Elves, Fauns and Fairies*. Nueva York: Dover Publications, 2008.

Klages, Ludwig. *Of Cosmogonic Eros*. Múnich: Theion Publishing, 2019.

Kruse, John. *British Fairies*. Somerset: Green Magic, 2017.

Lebling, Robert. *Legends of the Fire Spirits: Jinn and Genies from Arabia to Zanzibar*. Londres: I. B. Tauris, 2014.

Lenihan, Eddie y Carolyn Eve Green. *Meeting the Other Crowd: The Fairy Stories of Hidden Ireland*. Dublín: Gill Books, 2003.

Levi, Eliphas. *Dogme et Rituel de la Haute Magie Part II: The Ritual of Transcendental Magic*. A. E. Waite, traduc. al inglés de Benjamin Rowe, 2002.

MacNeill, Máire. *The Festival of Lughnasa: A Study of the Survival of the Celtic Festival of the Beginning of Harvest*. Londres: Oxford University Press, 1982.

May, Lauren. "Terrified Banstead family confronted by 'dark figure' on bypass", *Sutton & Croydon Guardian*, 23 de febrero de 2012. Disponible en línea en el sitio web *Your Local Guardian*.

———. "Paranormal Experts Weigh in on Dark Figure Mystery", *Sutton and Croydon Guardian*. Consultado el 19 de septiembre de 2022. Disponible en línea en el sitio web *Your Local Guardian*.

"Maya Indian Philosophy". Consultado el 9 de septiembre de 2022. Disponible en línea en el sitio web *Britannica*.

Mirabai, "O I saw witchcraft tonight", *Ecstatic Poems*. Versión en inglés por Robert Bly y Jane Hirshfield. Boston, Massachusetts: Beacon Press, 2004.

Miscellaneous Extracts. *Bell's Life in Sydney and Sporting Reviewer*, May 26, 1855, p. 1. consultado el 10 de agosto de 2022. Disponible en línea en el sitio web trove.nla.gov.au.

Moriarty, John. *Invoking Ireland: Ailiu Iath n-Herend*. Dublín: The Lilliput Press, 2019.

Morgan, Lee. *Sounds of Infinity*. Newport, Rhode Island: The Witches' Almanac, 2019.

Ó hÓgáin, Dáithí. *The Lore of Ireland: An Encyclopaedia of Myth, Legend and Romance*. Cork: Collins Press, 2006.

"Ossian's Dream (Le Songe D'Ossian)". Consultado el 14 de agosto de 2022. Disponible en línea en el sitio web Napoleon.org.

"Ossian Legendary Gaelic Poet". Consultado el 10 de agosto de 2022. Disponible en línea en el sitio web *Britannica*.

Pickering, Andrew. *The Witches of Selwood: Witchcraft Belief and Accusation in Seventeenth Century Somerset*. Gloucester: Hobnob Press, 2021.

Plato: *Euthyphro. Apology. Crito. Phaedo. Phaedrus.* Harold North Fowler, ed. y trad. al inglés de Chris Emlyn-Jones y William Predy. Cambridge, Massachusetts: Harvard University Press, 2005.

Platt, Rutherford H. *The First Book of Adam and Eve*. Global Grey Book, 2022.

Procopius. "Gothic War". En *History of the Wars, Volumen V: Libros 7.36-8*. Traducido al inglés por H. B. Dewing. Loeb Classical Library 217. Cambridge, Massachusetts: Harvard University Press, 1928.

Queenan, Bernard. "The Evolution of the Pied Piper". En Butler, Francelia y Richard Rotert, eds. *Reflections on Literature for Children*. Hamden, Connecticut: Library Professional Publications, 1984.

Reed, Peter. "Spring-Heeled Jack", Epsom & Ewell History Explorer. Consultado el 20 de septiembre de 2022. Disponible en línea en el sitio web eehe.org.

Rolleston, T. W. *Celtic Myths and Legends*. Londres: Studio Editions, 1995.

Rose, Megan, PhD. *Spirit Marriage: Intimate Relationships with Otherworldly Beings*. Rochester, Vermont: Bear & Company, 2022.

Shah, Idries. *The Sufis*. Londres: A Star Book, 1977.

Stephens, James. *Irish Fairy Tales*. Estambul: e-Kitap Projesi, 2019.

Stuart J., ed. "Trials for Witchcraft", *The Miscellany of the Spalding Club*, Volumen 1. Aberdeen: Spalding Club, 1841.

"The Survey of Scottish Witchcraft". Consultado el 1 de noviembre de 2022. Disponible en línea en el sitio web de University of Edinburgh's School of History, Classics and Archaeology.

Taylor, E. G. R. "A letter dated 1577 from Mercator to John Dee", *Imago Mundi: The International Journal for the History of Cartography* 13 no. 1 (1956), 60.

"Text and Translation of the Legends of the Original Chart of the World by Gerhard Mercator, Issued in 1569". *The International Hydrographic Review* 9 no. 2 (1932), 27–29.

Thurnell-Read, J. *Geopathic Stress: How Earth Energies Affect Our Lives*. Gloucester: Element Books, 1996.

Turner, Edith, William Blodgett, Singleton Kahona y Fideli Benwa. *Experiencing Ritual: A New Interpretation of African Healing*. Filadelfia: University of Pennsylvania Press, 1992.

Turner, Edith. "The Reality of Spirits". *Shamanism* 10, no. 1 (1997).

Waller, John, "A Forgotten Plague: Making Sense of Dancing Mania", *The Lancet*, 373: 9664, (2009).

Walsh, Edward. "A Ghost Story". Consultado el 3 de septiembre de 2022. Disponible en línea en el sitio web Duchas.ie.

Wells, Deborah. *The Dark Man*. Winchester: O-Books, 2010.

Wilde, Lady Jane Francesca Agnes. *Ancient Legends of Ireland: Mystic Charms & Superstitions of Ireland with Sketches of the Irish Past*. Galway: O'Gorman, 1971.

Wilby, Emily. *Cunning-Folk and Familiar Spirits: Shamanistic Visionary Traditions in Early Modern British Witchcraft and Magic*. Eastbourne: Sussex Academic Press, 2013.

———. *The Visions of Isobel Gowdie: Magic, Witchcraft and Dark Shamanism in Seventeenth-Century Scotland*. Eastbourne: Sussex Academic Press, 2013.

Williams, Nino. "Why there's a devil looking down on everyone from the Swansea Quadrant Shopping Centre". Consultado el 19 de septiembre de 2022. Disponible en línea en el sitio web *Wales Online*.

Índice analítico

Abuela curandera, 136
Adams, Peter Mark, xi–xix
Adán, 13–14, 30, 56
adivinación de muerte *sisala*, xvi
agotamiento, 99
Aicha Qandisha, 14
Aige, 20
Aiwass, 64–65
Alá, 13–14
Alexander, Margaret, 82–83
alma, 79–80
Alsop, Jane, 60
Anansi, 56
Ancient Legends of Ireland, 45–49
Andro Man, 15
ángeles caídos, 30
ankoku butô, 145
Annwfn, 103
Apocalyptic Witchcraft, 82, 145, 146, 148–49
Apolo, 56
Apología de Sócrates, 9
aquelarre de las brujas, xvii–xviii
Arjuna, 66–68
arquetipos, 40–41, 127
Artisson, Robin, 16, 43, 90

artistas, 10
astucia, 118
atención, 149

Babalon, 145
Baphomet, 65
Beth, David, 152–162
bien, 125–26
Black, Thomas, 83
Blái Derg, 19–20
Blomfield, Arthur, 7
Blood & Ink Tarot, The, 94–99
Boann (diosa), 73
bomba atómica, 66–67
Bowles, Paul, 14
Bran, 21, 22–23
Brazen Vessel, The, 145
Breuil, Henri, 70
brujos y brujería, 8, 79–80, 150–51.
  Véase también temas específicos
  desinfección de, 81
  persecución de, xvi, 82–86
  sexo y sexualidad, 83–87
Bucca, 40
Burcardo de Worms, xvii–xviii

cabra de Mendes, 159-60
Caílte mac Rónáin, 37
Cairill, Tuan mac, 75-76, 90, 91
cambio cultural, 63-68
cambio de forma, 23, 76, 88-91
caos, 39, 52-53, 55-56, 81-82, 154
casa Boleskine, la, 65
Catena Aurea, 57
caza salvaje, 103-4
Celtic Myths and Legends, 21-24
Ciclo *feniano*, 18-20
ciervo, 19-27, 137, 139
Clapton, Eric, 11
Clarkson, Agnes, 83
Clottes, Jean, 70
Cnoyen, James, 29
Colloquy of the Ancients, The, 19, 37
contacto generacional, 127-28
Corán, 13
cornudos, los, 134, 137
creatividad, 8-9, 10
cristianismo popular, 136, 140
cristianos y cristianismo, 38, 71-72, 82, 120, 140
Crom Dubh, 40
Crowley, Aleister, 64-65
Crowley, Rose Edith, 64
Crowley, Vivian, 125
cuentos de hadas de los Grimm, 17
cuentos populares, 7-8, 17-18
cueva de Trois-Frères, 69-70
cuevas, 69
Cumhaill, Fionn mac, 18-26, 67-68, 87
Cutchin, Joshua, 85-86

Daghdha, 27-28, 33
daimones, 9-10

damas grises, 139-40
Dames, Michael, 40-41, 75-76
"Dark Horseman, The", 45-49
Dee, John, 30
deidades oscuras, 40, 122
Delécluze, Etienne-Jean, 34
depredadores, 109-10
Deren, Maya, xv
destino, xviii
Devil's Dozen, The, 168
DeVrieze, Michelle, 164
diablo, 83-87
diablo cornudo, 7, 56-57
Dimech, Alkistis, 145-51, 167
Dios, 30
djinn, xii, 9, 13-14, 30
Donn Dubh, 27, 33, 56, 85
dragones, 54
dualidad, 41, 75, 90-91
Dylan, Bob, 11

Early, Biddy, 15-16
Ecology of Souls, 85-86
edad de oro, 155
Edad Media, 59
Elphame, reina, 15
Embarr (caballo), 37
embaucador
    Aiwass, 64-65
    cambio de forma, 88-91
    Flautista de Hamelin, 57-59, 58
    Jack el saltarín, 59-62
    revolución cultural y, 63-68
encrucijadas, 114, 118, 131-32, 137-39, 143-44
Equinox of the Gods, The, 64
Eros, 162

esclavitud, 136
Escocia, 82–86
espacio digital, 148–50
espacios compartidos, 114
espacios salvajes, 150
esperma frío, 88
Espíritu Santo, 123–24
estuario del Exe, 6–7
Eva, 30, 56

"Faffand", 20
familia Kirwan, 49–53, 56, 85
Fear Doirche, 24–27. *Véase también* Fear Dorcha
Fear Dorcha, 19–24, 33, 85
Fear Dubh, 33, 85
Feria de Puck, 39–40, 87
Fianna, 18–19, 22, 56
Finegas, 76–77
Fingal, 33–36
Finvarra, rey, 49–50
Fionn, 18–26, 67–68, 87
Flautista de Hamelin, 57–59, 58
flechas, 89
Forest, Danu, 129
formas, 126
Foxwood, Orion, 12–13, 43, 128–29, 131–44

Gary, Gemma, 168
Ginzburg, Carlo, xiv–xv
Glastonbury Tor, 103–6, 104
gnosis cósmica, 152, 154–57
Gods and Fighting Men, 37–38
Goethe, Johann Wolfgang von, 9
Gowdie, Isobel, 20–21, 83–86, 88–90, 137, 146

Gregory, *Lady*, 37–38
Grey, Peter, 82, 145–51, 167
Grindal, Bruce, xv–xvi
Grotte de Gabillou, 72–73
guarnición de Aldershot, 60–61
"Guerra gótica", xiv
Gwyn ap Nudd, 103, 121, 125, 129

hadas, 9, 13, 45–49
Harpur, Patrick, 56
Hécate, 117
hechicería, 120
Hechicero (arte rupestre), 69–70, 71, 75, 139
Heidegger, Martin, 158
herejía, 123
Hermes, 56
Herod, Heinrich von, 57
hijo, 161–62
hombre de negro, 82, 115, 118–19
hombre negro/hombre oscuro, 1, 19, 21, 88, 115, 152–62
Hombre Oscuro. *Véase también nombres específicos; temas específicos*
　a la escucha del canto del, 163–71
　artimañas del, 40–41
　características principales del, 63
　creatividad y, 10–11
　fuerzas del, 33
　huellas folclóricas del, 1–3
　propósito de nuestra alma y, 52–54
　sexualidad y, 88, 161
　sueños y, 8
　transformación en ciervo, 19–23
　vientre y, 77–80
hora de los brujos, 136
Horn of Evenwood, The, 90

House of Brigh, 131
huellas de pezuña, 6-7, 56-57
huellas del diablo, 6-7, 56-57
humanos, 71-72
humor, 111, 166

Iblís, 13-14
ilusión, 53
Imperio británico, 60
inspiración, 8-9
Interceptor Oscuro, 42-54
intoxicación por cornezuelo de centeno (ergotismo), 59
Inventio Fortunata, 28
Invoking Ireland, 7-8
Irish Fairy Tales, 24-27
Irlanda, 18-28

jabalíes, 139
Jack el saltarín, 59-62
Jackson, Margret, 83
Jesús, 139
Jinete Oscuro, 43, 56, 132-44
Johnson, Robert, 11
Jung, Carl, 9-10, 40-41, 127

Kali, 125-26
kiltartanés, 37-38
Klages, Ludwig, 155, 162
Knight, Richard Payne, 87
Krishna, 67-68, 127, 165

Lady Máil, 19-20
Lady Wilde, 45-50
Lancet, The, 59
Laud 610, 18
Le Breton, Louis, 87

Leannán Sídhe, 81
Leonard Society, 152-62
libro de las invasiones, El, 27-28
Libro de Lismore, 18
libro negro de Carmarthen, El, 104
liminalidad, 114
linaje, 128
Lore of Ireland, The, 27
Lucifer, 33, 125, 127, 141
Lucifer: Princeps, 145
Lughnasadh, 39-40

MacCool, Finn, 18-26, 67-68, 87
MacNeill, Máire, 40
Macpherson, James, 33-36
Magick in Theory and Practice, 65
Mago Negro de los hombres de Dios, 32-33
Máil (*lady*), 19-20
mal, 125-26
maleficencia, 120
malestar, 150
Malvo, Lorne, 53-54
manifestación, espíritu de, 101
manos peludas, 42-43
Martin, Scott, 62
Mason, Darragh, xi-xii, 99-102, 116-18, 119-20, 123-30, 146-51, 152-62, 163-71
Master Leonard, 88-89, 152-61
Mat Auryn, 11-13
Maya, 53
Memories, Dreams, and Reflections, 9-10
Mercator, Gerardus, 28-30
Merlín, 40-41
Merlin and Wales, 40-41

Mèt Leonard, 160
Metrical Dindshenchas, The, 20, 73-74
Mitchell, Jessica, 103-11
mitología, 17-18
Moriarty, John, 7-8, 79
Morna, Goll mac, 18, 22
muerte, 118
mundo islámico, 9
Murray, Margaret, 70
musa, 9
Mythic Ireland, 75-76

nacimiento virginal, 71-72
Napoleón Bonaparte, 9, 34
naturaleza, 39, 72, 102, 149-50
Nechtan, 73
neopaganismo, 146, 147
Newgrange, 70-71
Niamh Cinn-Óir, 34-35
no dualismo, 90-91
Nowlan, Jemmy, 45-49, 85

"O I Saw Witchcraft Tonight", 66-67
Oisín, 18-24, 31-41, 67-68, 122
"Oisín in Tir na nÓg", 34-37
Oppenheimer, J. Robert, 66
orina, 89
Ossian, 34
otro paisaje, 77
Oursa, Elise, 166-71
    creación de la baraja de tarot, 94-102
    entrevista a, 99-102

Paganini, Niccoló, 11
Page, Jimmy, 11, 65
país de las hadas, 31-32, 37, 59, 72

Papyri Graecae Magicae, 168
Parsons, Jack, 65, 145
parteras, 136
Patersone, Christian, 83
Patricio, san, 19, 37, 38-39, 68
plaga del baile, 59
Plancy, Jacques Collin de, 87
Plant, Robert, 11
Platón, 9
Porter, Shullie H., 77-78, 79, 166-71
    entrevista a, 119-20
    experiencias de, 112-15
pozo de Connla, 72, 74, 76-77
pozo de poder, 43, 138
Procopio, xiv
propósito del alma, 52-54
púca, 40

Qaf-kuh, 30
qareen, 9
"que camina con uno, el", 9
Queenan, Bernard, 57

Red Goddess, The, 145
redes sociales, 148-50
regiones del Polo Norte, 28-30, 29
renaturalización, 79-80
Revolución Industrial, 61-62
Richards, Keith, 11
"Ride with the Fairies, The", 45-49
río Boyne, 72-74
río Shannon, 72-73
rituales *ndembu*, xv
Rolleston, T. W., 21-24
Rónáin, Caílte mac, 37
Ros An Bucca, 40
Rose, Megan, 121-30

Rupes Nigra, 28–30
Russell, G. W., 73

Saba, 21–24
sabuesos, 21
Sadhbh, 19, 24–27, 67–68, 83, 87, 97, 99
Saeve, 24–27. *Véase también* Sadhbh
salmón del conocimiento, 74–77
Samael, 116–18
sangre de brujo, 11–13, 16
sangre, 11–13, 16
Satanás, 30
Saturno, 156
Scales, Lucy, 60
Scarlet Imprint, 145, 148
Sekulla, David H., xx
sexo y sexualidad, 83–87, 124–26, 162
Skolawn, 21, 22–23
Sócrates, 9
Spirit Marriage, 121
Stephens, James, 24–27
Stevens, Mary, 60
sueños, 8, 96
Sutton & Croydon Guardian, 62
Swansea, Gales, 7

tecnología, 148–51
terror, 147
Tifón, 170
torre de San Miguel, 103–4, 104
trabajo con Babalon, 65
Tuatha Dé Danann, 27–28, 30, 33, 76
tumbas, 70–73
Turner, Edith, xv–xvi
Two Antichrists, The, 145
tylwyth teg, 103–4

vacío, 78–79
valle de los zorzales, 37
vesica piscis, 76
viajes nocturnos, xiv–xv
vientre oscuro, 77–80
Vincente, Tomas, 159–61
Visions of Isobel Gowdie, The, xii
vudú, xvi, 158, 159
vulva, 71–72

Waller, John, 59
Wilby, Emma, xii, 84–85
Wilde (*lady*), 45–50

Yashoda, 67
Your Ghost Stories, sitio web, 62–63

LIBROS DE INTERÉS RELACIONADO

Grimorio de la senda de los venenos
Herbolaria oscura, magia venenosa y aliados siniestros
por Coby Michael

El especialista en herbolaria oculta Coby Michael rinde homenaje a las plantas mortíferas, indeseadas y salvajes de la herbolaria oscura. Explora cómo emplear el poder de estas plantas en rituales, prácticas de magia y sanación espiritual, y nos presenta un compendio muy completo con correspondencias mágicas y recetas para trabajar con determinadas plantas venenosas aliadas.

Runas para la bruja verde
Un grimorio de hierbas
por Nicolette Miele

En este grimorio mágico, la bruja herbolaria Nicolette Miele examina las conexiones de hierbas y plantas de cada una de las 24 runas del futhark antiguo, así como las correspondencias con deidades, astrología, tarot y cristales. También explora como se pueden combinar las runas y plantas en hechizos y rituales para manifestar, proteger, curar, desterrar y más.

Santería cubana
El Sendero de la Noche
por Raul J. Canizares

Iniciado en la santería a los siete años, Canizares nos desvela el mundo secreto y seductor de esta religión afrocubana. Canizares explica la práctica de la santería con los conocimientos de un miembro de la misma y la perspicacia de un erudito, revelando sus dimensiones ocultas y proporcionando a la vez un análisis fascinante sobre la mezcla de las tradiciones católicas, cubanas y africanas.

Escanea el código QR y ahorra un 25 % en InnerTraditions.com.
Explora más de 2.000 títulos en español e inglés sobre espiritualidad, ocultismo, misterios antiguos, nuevas ciencias, salud holística y medicina natural.

Inner Traditions • Bear & Company
Rochester, VT 05767
1-800-246-8648
www.InnerTraditions.com
o contacta tu librería local